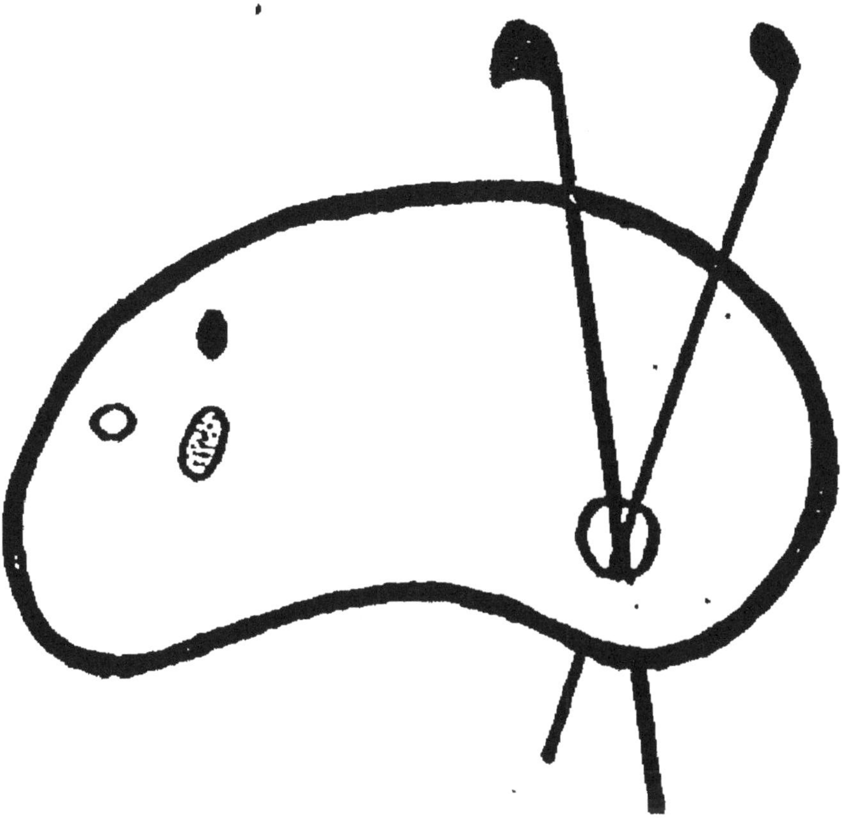

LES COMMUNES

DE

L'ALSACE-LORRAINE

RÉPERTOIRE ALPHABÉTIQUE

AVEC L'INDICATION DE LA

DÉPENDANCE ADMINISTRATIVE

I — NOMENCLATURE FRANÇAISE
AVANT 1871

II — NOMENCLATURE ALLEMANDE
DE 1871 A 1915

III — NOMENCLATURE ALLEMANDE
DE 1915 A 1918

BERGER-LEVRAULT, ÉDITEURS
NANCY - PARIS - STRASBOURG
1919

DEUXIÈME ÉDITION

Dictionnaire des Communes de la France, de l'Algérie, des Colonies et des Protectorats. (*Chiffre de la population. Bureau de poste. Télégraphe. Téléphone. Perception dont relève la commune.*) 4ᵉ édition. 1913. Volume in-8 de 827 pages, relié en percaline . . . . 6 fr.

Les Provinces perdues et reconquises, par Ardouin-Dumazet.
— **I. Haute-Alsace.** 2ᵉ édition. 1910. Volume in-12 de 444 pages, avec 22 cartes.
— **II. Basse-Alsace.** 2ᵉ édition. 1910. Volume in-12 de 488 pages, avec 29 cartes.
— **III. Lorraine.** 2ᵉ édition. 1910. Volume in-12 de 447 pages, avec 29 cartes.
Prix de chaque volume, broché . . . . 3 fr. 50
Relié en percaline souple. . . . . 4 fr. 50

Les Provinces perdues, *d'après Ardouin-Dumazet*, par Émile Chantriot, agrégé de l'Université. 1908. Volume in-8 de 52 pages, broché . . . . 1 fr.

Jusqu'au Rhin. *Les Terres meurtries et les Terres promises*, par A. de Pouvourville. 7ᵉ édition. 1919. Volume in-12, avec 52 cartes . . . . 3 fr. 50

En Alsace reconquise. *Impressions du Front*, par Ed. Baudy, rédacteur en chef de la *Tribune de Genève*. 1915. Volume in-8, avec 10 photographies hors texte . 2 fr.

Les Ruines des Vosges, par Émile Wagner. 1910. Deux volumes in-12, chacun de 450 pages, avec 112 photographies. — I. *Partie septentrionale.* — II. *Partie méridionale.* Chaque volume, broché . . . . 3 fr. 50
Relié en percaline gaufrée or, tête rouge. . . . . 4 fr. 50

Les Hautes-Chaumes des Vosges. *Étude de géographie et d'économie historiques*, par Pierre Boyé. 1902. Volume in-8, avec 3 planches . . . . 6 fr.

Des Vosges au Rhin. *Excursions et causeries alsaciennes*, par Paul Huot, membre du Comité de la Société des Monuments historiques d'Alsace. 1866. Volume in-12 de 606 pages, titre rouge et noir, broché . . . . 5 fr.

Notice sur les pays de la Sarre *et en particulier sur Sarreguemines et ses environs*, par N. Box, ancien principal du collège de Sarreguemines. Deux volumes in-8, 1551 pages, avec 42 planches, brochés . . . . 25 fr.

L'Alsace-Lorraine de demain. — Le Rhin. *Ses énergies au service de la France*, par Daniel Mieg, président de la Société industrielle de Mulhouse. 1919. In-8, avec 2 photographies, 2 cartes et un plan. 1 fr. 75

Rive gauche et rive droite du Rhin, par le colonel R.-J. Frisch. 1915. Volume in-8, broché . . . . 2 fr. 50

La Vérité territoriale et la Rive gauche du Rhin, par F. de Grailly. Nouvelle édition. Préface de M. Ernest Babelon, membre de l'Institut. 1917. Volume in-12 de 432 pages . . . . 3 fr. 50

Le Nouveau Bassin minier de Meurthe-et-Moselle et son réseau ferré, par Auguste Pawlowski, rédacteur au *Journal des Débats*. 1909. Volume in-12 de 128 pages, avec 20 gravures et une carte en couleurs grand in-folio, broché . . . 3 fr.

Le Sous-Sol de la France. *Étude économique et sociale*, par le même. Préface de M. Yves Guyot, ancien ministre. 1913. Volume in-12, broché . . . . 2 fr.

Le Fer en Lorraine, par E. Grévu, directeur de la Banque de France à Nancy. 1908. Volume grand in-8 de 234 pages, avec 63 gravures et 4 cartes in-folio, broché . . 10 fr.

Carte des Concessions de minerai de fer dans les bassins de Longwy et de Briey, avec l'indication des surfaces concédées dans le Luxembourg et la Lorraine annexée, par E. Grévu. Échelle 1/800 000ᵉ. (Publication de la Chambre de Commerce de Meurthe-et-Moselle.) 1908. Une feuille gr. in-folio, en couleurs, pliée sous couverture. 2 fr.

Le Sel en Lorraine, par E. Grévu, directeur de la Banque de France à Nancy. 1908. Volume grand in-8 de 120 pages, avec 26 gravures et une carte in-folio, broché. . 5 fr.

Guide du Géologue en Lorraine. *Meurthe-et-Moselle, Vosges, Meuse*, par G. Bleicher, professeur d'histoire naturelle à l'Université de Nancy. 1887. Volume in-12, avec 14 figures et 2 planches, broché. . . . . 3 fr. 50

NANCY, IMPRIMERIE BERGER-LEVRAULT

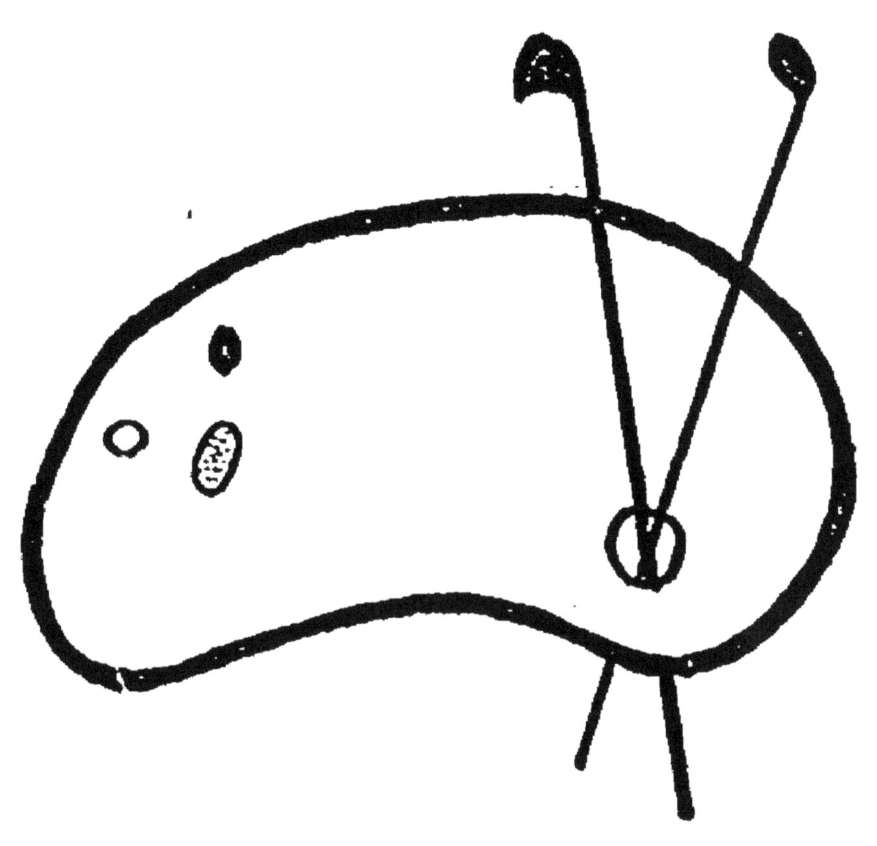

FIN D'UNE SERIE DE DOCUMENTS
EN COULEUR

LES COMMUNES

DE

L'ALSACE-LORRAINE

LES COMMUNES
DE
L'ALSACE-LORRAINE

RÉPERTOIRE ALPHABÉTIQUE
AVEC L'INDICATION DE LA
DÉPENDANCE ADMINISTRATIVE

I — NOMENCLATURE FRANÇAISE
AVANT 1871

II — NOMENCLATURE ALLEMANDE
DE 1871 A 1915

III — NOMENCLATURE ALLEMANDE
DE 1915 A 1918

BERGER-LEVRAULT, ÉDITEURS
NANCY - PARIS - STRASBOURG
1919

AVERTISSEMENT

Au point de vue patriotique et sentimental, les quarante-sept années de domination allemande en Alsace et en Lorraine peuvent être considérées comme un long cauchemar dont l'Europe civilisée s'est enfin réveillée.

Mais il n'en est pas de même sous le rapport administratif, où il ne suffit pas de raccorder simplement l'année 1918 à l'année 1871, en faisant abstraction de l'intervalle. Le régime allemand aura laissé dans ces provinces certaines traces dont il est malheureusement impossible de ne pas tenir compte.

Parmi les bouleversements que, pour hâter la germanisation, les Allemands ont apportés dans les provinces annexées, il y a lieu notamment de relever les modifications dans la répartition administrative et les changements de noms d'une très grande quantité de communes.

Celles-ci ont repris, bien entendu, leur dénomination française antérieure. Mais il sera impossible de négliger les dénominations allemandes, chaque fois qu'il s'agira de faire état des actes administratifs, judiciaires ou commerciaux enregistrés au cours des années 1871 à 1918.

De cette considération est née l'idée du présent double Répertoire alphabétique de toutes les communes qui, pendant cette période, ont fait partie du pays d'Empire dit « *Alsace-Lorraine* ».

On y trouvera :

1° Sur les pages de gauche, la liste des communes classées alphabétiquement d'après leur *dénomination française* officielle et traditionnelle ;

2° Sur les pages de droite, la liste des communes classées alphabétiquement d'après leur *dénomination allemande.*

De part et d'autre, chaque nom de commune est suivi de l'indication des divisions et subdivisions administratives dont cette commune a fait partie : 1° sous le régime français; 2° sous le joug allemand.

On se rend aisément compte de la grande utilité qu'offre ce Répertoire aux Administrations départementales, communales et judiciaires, — aux notaires, — aux avoués, — aux fonctionnaires des Finances, de l'Enregistrement, des Domaines, — au personnel des chemins de fer, postes, télégraphes et téléphones, — enfin à tous les particuliers, industriels, commerçants, entrepreneurs, voyageurs, etc., qui ont des affaires à traiter dans les provinces reconquises.

Les recherches dans le double Répertoire sont grandement facilitées par la colonne qui, dans les tableaux, indique les divergences entre les noms français et les noms allemands ; elle permet de trouver instantanément la commune qu'on a besoin d'identifier.

Le 2 septembre 1915 (jour anniversaire de la bataille de Sedan), le Gouvernement de l'Alsace-Lorraine, dans un fanatique et superstitieux besoin de germanisation *in extremis*, jugeait à propos de débaptiser, en bloc, les 247 dernières communes qui avaient conservé encore leurs noms français.

Ces nouvelles dénominations allemandes n'ayant eu qu'une existence tout éphémère, il y aurait eu inconvénient à les confondre dans la nomenclature alphabétique générale. C'est donc à la suite de celle-ci qu'on trouvera, pour ces communes, en une double liste alphabétique, d'une part, les dénominations qui ont subsisté jusqu'en 1915, et, d'autre part, celles imposées à partir de 1915.

LES ÉDITEURS.

Février 1919.

RÉPARTITION ADMINISTRATIVE

Les cinq départements français qui avaient été touchés par l'annexion allemande sont les suivants :

MEURTHE (seulement deux arrondissements : *Château-Salins* et *Sarrebourg*).

MOSELLE (sauf l'arrondissement de *Briey*).

RHIN (BAS-). — En entier.

RHIN (HAUT-) (moins les cantons de *Belfort, Delle, Fontaine,* et *Giromagny*).

VOSGES (seulement deux cantons : *Saales* et *Schirmeck*).

DÉPARTEMENTS

MEURTHE

ARRONDISSEMENTS	CANTONS
Château-Salins	Albestroff.
	Château-Salins.
	Delme.
	Dieuze.
	Vic.
*Lunéville	Baccarat.
	Bayon.
	Blâmont.
	Gerbéviller.
	Lunéville-Nord.
	Lunéville-Sud-Est.
*Nancy	Haroué.
	Nancy-Est.
	Nancy-Nord.
	Nancy-Ouest.
	Nomeny.
	Pont-à-Mousson.
	Saint-Nicolas.
	Vézelise.
Sarrebourg	Fénétrange.
	Lorquin.
	Phalsbourg.
	Réchicourt-le-Château.
	Sarrebourg.
*Toul	Colombey.
	Domèvre-en-Haye.
	Thiaucourt.
	Toul-Nord.
	Toul-Sud.

MOSELLE

ARRONDISSEMENTS	CANTONS
*Briey	Audun-le-Roman.
	Briey.
	Conflans.
	Longuyon.
	Longwy.
Metz	Boulay.
	Faulquemont.
	Gorze.
	Metz (1er).
	— (2e).
	— (3e).
	Pange.
	Verny.
	Vigy.
Sarreguemines	Bitche.
	Forbach.
	Gros-Tenquin.
	Rorbach.
	Saint-Avold.
	Sarralbe.
	Sarreguemines.
	Volmunster.
Thionville	Bouzonville.
	Cattenom.
	Metzerwisse.
	Sierck.
	Thionville.

(*) Les arrondissements marqués d'un astérisque avaient été laissés à la France.

BEZIRKE
(DÉPARTEMENT)

LOTHRINGEN

KREISE (Cercles)	KANTONE (Cantons)	KREISE (Cercles)	KANTONE (Cantons)
Bolchen	Bolchen. Busendorf. Falkenberg.	***Metz (Land)***	Gorze. Metz (Land). Pange. Verny. Vigy.
Château-Salins	Albesdorf. Château-Salins. Delme. Dieuze. Vic.	***Metz (Stadt)***	3 cantons.
Diedenhofen	Diedenhofen. Fentsch. Kattenhofen. Metzerwiese. Sierck.	***Saarburg***	Finstingen. Lörchingen. Phalzburg. Rixingen. Saarburg.
Forbach	Forbach. Grosstänchen Saaralben. Saint-Avold.	***Saargemünd***	Bitsch. Rohrbach. Saargemünd. Wolmünster.

DÉPARTEMENTS

RHIN (BAS-)		RHIN (HAUT-)	
ARRONDISSEMENTS	CANTONS	ARRONDISSEMENTS	CANTONS
Saverne	Bouxwiller. Drulingen. Hochfelden. Marmoutier. Petite-Pierre (La). Saar-Union. Saverne.	**Belfort**	*Belfort. Cernay. Dannemarie. *Delle. *Fontaine. *Giromagny. Massevaux. Saint-Amarin. Thann.
Schlestadt	Barr. Benfeld. Erstein. Marckolsheim. Obernai. Rosheim. Schlestadt. Villé.	**Colmar**	Andolsheim. Colmar. Ensisheim. Guebwiller. Kaysersberg. Munster. Neufbrisach. Poutroye (La). Ribeauvillé. Rouffach. Sainte-Marie-aux-Mines. Soultz. Wintzenheim.
Strasbourg	Bischwiller. Brumath. Geispolsheim. Haguenau. Molsheim. Schiltigheim. Strasbourg-Est. — Nord. — Ouest. — Sud. Truchtersheim. Wasselonne.	**Mulhouse**	Altkirch. Ferrette. Habsheim. Hirsingen. Huningue. Landser. Mulhouse.
Wissembourg	Lauterbourg. Niederbronn. Seltz. Soultz-sous-Forêts. Wissembourg. Wœrth-sur-Sauer.		

(*) Les cantons marqués d'un astérisque avaient été laissés à la France.

BEZIRKE
(DÉPARTEMENTS)

UNTER-ELSASS

KREISE (Cercles)	KANTONE (Cantons)
Erstein	Benfeld. Erstein. Geispolsheim. Oberehnheim.
Hagenau	Bischweiler. Hagenau. Niederbronn.
Molsheim	Molsheim. Rosheim. *Saales. *Schirmeck. Wasselnheim.
Schlettstadt	Barr. Markolsheim. Schlettstadt. Weiler.
Strassburg (Land)	Brumath. Hochfelden. Schiltigheim. Truchtersheim.
Strassburg (Stadt)	8 cantons.
Weissenburg	Lauterburg. Selz. Sulz-unterm-Wald. Weissenburg. Wörth an der Sauer.
Zabern	Buchsweiler. Drulingen. Lützelstein. Maursmünster. Saarunion. Zabern.

OBER-ELSASS

KREISE (Cercles)	KANTONE (Cantons)
Altkirch	Altkirch. Dammerkirch. Hirsingen. Pfirt.
Colmar	Andolsheim. Colmar. Münster. Neubreisach. Winzenheim.
Gebweiler	Ensisheim. Gebweiler. Rufach. Sulz.
Mülhausen	Habsheim. Hüningen. Landser. Mülhausen-Nord. Mülhausen-Sud.
Rappoltsweiler	Kaysersberg. Markirch. Rappoltsweiler. Schnierlach.
Thann	Masmünster. Saint-Amarin. Sennheim. Thann.

(*) Ces deux cantons avaient fait partie du département des Vosges (arrondissement de Saint-Dié).

RÉPERTOIRE ALPHABÉTIQUE DES COMMUNES

Pour les 247 dernières communes à noms français, débaptisées seulement le 2 septembre 1915, voir le tableau spécial pages 89 à 95.

LOCALITÉS — NOM FRANÇAIS	NOM DIFFÉRENT en allemand	DÉPARTEMENT	ARRONDISSEMENT	CANTON
		A		
Aboncourt	*Endorf*	Moselle.	Thionville.	Metzerwisse.
Aboncourt-sur-Seille	*Aboncourt*	Meurthe.	Château-Salins.	Château-Salins.
Abreschwiller	*Alberschweiler*	Meurthe.	Sarrebourg.	Lorquin.
Achain		Meurthe.	Château-Salins.	Château-Salins.
Achâtel		Moselle.	Metz.	Verny.
Achen		Moselle.	Sarreguemines.	Rorbach.
Achenheim		Bas-Rhin.	Strasbourg.	Schiltigheim.
Adaincourt		Moselle.	Metz.	Faulquemont.
Adamswiller	*Adamsweiler*	Bas-Rhin.	Saverne.	Drulingen.
Adelange	*Edelingen*	Moselle.	Metz.	Faulquemont.
Ajoncourt		Meurthe.	Château-Salins.	Delme.
Alaincourt-la-Côte		Meurthe.	Château-Salins.	Delme.
Albestroff	*Albesdorf*	Meurthe.	Château-Salins.	Albestroff.
Algolsheim		Haut-Rhin.	Colmar.	Neufbrisach.
Algrange	*Algringen*	Moselle.	Thionville.	Thionville.
Allemand-Rombach (L')	*Deutsch-Rumbach*	Haut-Rhin.	Colmar.	Ste-Marie-aux-Mines.
Allenwiller	*Allenweiler*	Bas-Rhin.	Saverne.	Marmoutier.
Alsting-Zinzing	*Alstingen*	Moselle.	Sarreguemines.	Forbach.
Alt-Eckendorf		Bas-Rhin.	Saverne.	Hochfelden.
Altenach		Haut-Rhin.	Belfort.	Dannemarie.
Altenbach		Haut-Rhin.	Belfort.	St-Amarin.
Altenheim		Bas-Rhin.	Saverne.	Saverne.
Altenstadt		Bas-Rhin.	Wissembourg.	Wissembourg.
Altkirch		Haut-Rhin.	Mulhouse.	Altkirch.
Altorf	*Altdorf*	Bas-Rhin.	Strasbourg.	Molsheim.
Altrippe	*Altrip*	Moselle.	Sarreguemines.	Gros-Tenquin.
Altroff	*Altdorf (Freialtdorf)*	Meurthe.	Château-Salins.	Albestroff.
Altwiller	*Altweiler*	Moselle.	Sarreguemines.	St-Avold.
Altwiller	*Altweiler*	Bas-Rhin.	Saverne.	Saar-Union.
Alzing	*Alzingen*	Moselle.	Thionville.	Bouzonville.
Amanviller	*Amanweiler*	Moselle.	Metz.	Metz.
Amélécourt		Meurthe.	Château-Salins.	Château-Salins.
Ammerschwihr	*Ammerschweier*	Haut-Rhin.	Colmar.	Kaysersberg.
Ammertswiller	*Ammerzweiler*	Haut-Rhin.	Belfort.	Dannemarie.
Ancerville	*Anserweiler*	Moselle.	Metz.	Pange.
Ancy-sur-Moselle	*Ancy an der Mosel*	Moselle.	Metz.	Gorze.
Andlau *ou* **Andlau-au-Val**		Bas-Rhin.	Schlestadt.	Barr.
Andolsheim		Haut-Rhin.	Colmar.	Andolsheim.
Angevillers		Moselle.	Thionville.	Cattenom.
Angwiller	*Angweiler*	Meurthe.	Sarrebourg.	Fénétrange.
Antilly		Moselle.	Metz.	Vigy.
Anzeling	*Anzelingen*	Moselle.	Thionville.	Bouzonville.
Apach		Moselle.	Thionville.	Sierck.
Appenwihr	*Appenweier*	Haut-Rhin.	Colmar.	Neufbrisach.
Argancy		Moselle.	Metz.	Vigy.
Arraincourt		Moselle.	Metz.	Faulquemont.
Arriance	*Argenchen*	Moselle.	Metz.	Faulquemont.
Arry		Moselle.	Metz.	Gorze.
Arschwiller	*Arzweiler*	Meurthe.	Sarrebourg.	Phalsbourg.
Ars-Laquenexy		Moselle.	Metz.	Pange.

LOCALITÉS		BEZIRK (DÉPARTEMENT)	KREIS (CERCLE)	KANTON (CANTON)
NOM ALLEMAND	NOM DIFFÉRENT en français			

A

Aboncourt	*Aboncourt-sur-Seille*	Lothringen.	Château-Salins.	Château-Salins.
Achâtel		Lothringen.	Metz.	Verny.
Achen		Lothringen.	Saargemünd.	Rohrbach.
Achenheim		Unter-Elsass.	Strassburg.	Schiltigheim.
Adaincourt		Lothringen.	Bolchen.	Falkenberg.
Adamsweiler	*Adamswiller*	Unter-Elsass.	Zabern.	Drulingen.
Ajoncourt		Lothringen.	Château-Salins.	Delme.
Alaincourt		Lothringen.	Château-Salins.	Delme.
Alben	*Aube.*	Lothringen.	Metz.	Pange.
Alberschweiler	*Abreschwiller.*	Lothringen.	Saarburg.	Lörchingen.
Albesdorf	*Albestroff*	Lothringen.	Château-Salins.	Albesdorf.
Algolsheim		Ober-Elsass.	Colmar.	Neubreisach.
Algringen	*Algrange.*	Lothringen.	Diedenhofen.	Diedenhofen.
Allenweiler	*Allenwiller*	Unter-Elsass.	Zabern.	Maursmünster.
Alstingen	*Alsting-Zinzing*	Lothringen.	Forbach.	Forbach.
Altdorf	*Altorf*	Unter-Elsass.	Molsheim.	Molsheim.
Altdorf (Freialtdorf)	*Altroff.*	Lothringen.	Château-Salins.	Albesdorf.
Alteckendorf		Unter-Elsass.	Strassburg.	Hochfelden.
Altenach		Ober-Elsass.	Altkirch.	Dammerkirch.
Altenbach		Ober-Elsass.	Thann.	St Amarin.
Altenheim		Unter-Elsass.	Zabern.	Zabern.
Altenstadt		Unter-Elsass.	Weissenburg.	Weissenburg.
Altkirch		Ober-Elsass.	Altkirch.	Altkirch.
Altlixheim	*Vieux-Lixheim*	Lothringen.	Saarburg.	Finstingen.
Altmünsterol	*Montreux-Vieux*	Ober-Elsass.	Altkirch.	Dammerkirch.
Alt-Pfirt	*Vieux-Ferrette*	Ober-Elsass.	Altkirch.	Pfirt.
Altrip	*Altrippe*	Lothringen.	Forbach.	Grosstänchen.
Alt-Thann	*Vieux-Thann*	Ober-Elsass.	Thann.	Thann.
Altweier	*Aubure*	Ober-Elsass.	Rappoltsweiler.	Markirch.
Altweiler	*Altwiller*	Unter-Elsass.	Zabern.	Saarunion.
Altweiler	*Altwiller*	Lothringen.	Forbach.	St Avold.
Alzingen	*Alzing*	Lothringen.	Bolchen.	Busendorf.
Amanweiler	*Amanviller*	Lothringen.	Metz.	Metz.
Amélécourt		Lothringen.	Château-Salins.	Château-Salins.
Ammerschweier	*Ammerschwihr*	Ober-Elsass.	Rappoltsweiler.	Kaysersberg.
Ammerzweiler	*Ammertzwiller*	Ober-Elsass.	Altkirch.	Dammerkirch.
Ancy an der Mosel	*Ancy-sur-Moselle*	Lothringen.	Metz.	Gorze.
Andlau	*Andlau* ou *Andlau-au-Val*	Unter-Elsass.	Schlettstadt.	Barr.
Andolsheim		Ober-Elsass.	Colmar.	Andolsheim.
Angweiler	*Angwiller*	Lothringen.	Saarburg.	Finstingen.
Anserweiler	*Ancerville*	Lothringen.	Metz.	Pange.
Antilly		Lothringen.	Metz.	Vigy.
Anzelingen	*Anzeling*	Lothringen.	Bolchen.	Busendorf.
Apach		Lothringen.	Diedenhofen.	Sierck.
Appenweier	*Appenwihr*	Ober-Elsass.	Colmar.	Neubreisach.
Argancy		Lothringen.	Metz.	Vigy.
Argenchen	*Arriance*	Lothringen.	Bolchen.	Falkenberg.
Armsdorf		Lothringen.	Bolchen.	Falkenberg.
Arry		Lothringen.	Metz.	Gorze.
Ars an der Mosel	*Ars-sur-Moselle*	Lothringen.	Metz.	Gorze.
Ars-Laquenexy		Lothringen.	Metz.	Pange.

LOCALITÉS — NOM FRANÇAIS	LOCALITÉS — NOM DIFFÉRENT en allemand	DÉPARTEMENT	ARRONDISSEMENT	CANTON
Ars-sur-Moselle	*Ars an der Mosel.*	Moselle.	Metz.	Gorze.
Artolsheim	. . . .	Bas-Rhin.	Schlestadt.	Marckolsheim.
Artzenheim	*Arzenheim*	Haut-Rhin.	Colmar.	Andolsheim.
Aschbach	. . . .	Bas-Rhin.	Wissembourg.	Seltz.
Aspach	. . . .	Meurthe.	Sarrebourg.	Lorquin.
Aspach	. . . .	Haut-Rhin.	Mulhouse.	Altkirch.
Aspach-le-Bas	*Niederaspach.*	Haut-Rhin.	Belfort.	Cernay.
Aspach-le-Haut	*Oberaspach.*	Haut-Rhin.	Belfort.	Thann.
Assénoncourt	*Essesdorf.*	Meurthe.	Sarrebourg.	Réchicourt.
Asswiller	*Assweiler.*	Bas-Rhin.	Saverne.	Drulingen.
Athienville	. . . .	Meurthe.	Château-Salins.	Vic.
Attenschwiller	*Attenschweiler*	Haut-Rhin.	Mulhouse.	Huningue.
Attilloncourt	*Attiloncourt*	Meurthe.	Château-Salins.	Château-Salins.
Aube	*Alben*	Moselle.	Metz.	Pange.
Aubure	*Altweier*	Haut-Rhin.	Colmar.	Sainte-Marie-aux-Mines.
Audun-le-Tiche	*Deutsch-Oth*	Moselle.	Briey.	Audun-le-Roman.
Auenheim	. . . .	Bas-Rhin.	Strasbourg.	Bischwiller.
Augny	. . . .	Moselle.	Metz.	Metz.
Aulnois-sur-Seille	*Aulnois*	Meurthe.	Château-Salins.	Delme.
Aumetz	. . . .	Moselle.	Briey.	Audun-le-Roman.
Avenheim	. . . .	Bas-Rhin.	Strasbourg.	Truchtersheim.
Avolsheim	. . . .	Bas-Rhin.	Strasbourg.	Molsheim.
Avricourt	. . . .	Meurthe.	Sarrebourg.	Réchicourt.
Ay	. . . .	Moselle.	Metz.	Vigy.
Azoudange	. . . .	Meurthe.	Sarrebourg.	Réchicourt.

B

LOCALITÉS — NOM FRANÇAIS	LOCALITÉS — NOM DIFFÉRENT en allemand	DÉPARTEMENT	ARRONDISSEMENT	CANTON
Bacourt	. . . .	Meurthe.	Château-Salins.	Delme.
Bærendorf	*Bärendorf*	Bas-Rhin.	Saverne.	Drulingen.
Bærenthal	*Bärenthal*	Moselle.	Sarreguemines.	Gros-Tenquin.
Baldenheim	. . . .	Bas-Rhin.	Schlestadt.	Marckolsheim.
Baldersheim	. . . .	Haut-Rhin.	Mulhouse.	Habsheim.
Balgau	. . . .	Haut-Rhin.	Colmar.	Neufbrisach.
Ballbronn	*Balbronn*	Bas-Rhin.	Strasbourg.	Wasselonne.
Ballersdorf	. . . .	Haut-Rhin.	Mulhouse.	Altkirch.
Balschwiller	*Balschweiler*	Haut-Rhin.	Belfort.	Dannemarie.
Baltzenheim	*Balzenheim.*	Haut-Rhin.	Colmar.	Andolsheim.
Bambiderstroff	*Baumbiedersdorf.*	Moselle.	Metz.	Faulquemont.
Ban-de-la-Roche	*Steinthal.*	Ancien district de la Basse-Alsace [1].	. . . .	. . . .
Bannay	. . . .	Moselle.	Metz.	Boulay.
Ban-St-Martin	. . . .	Moselle.	Metz.	Metz.
Bantzenheim	*Banzenheim*	Haut-Rhin.	Mulhouse.	Habsheim.
Barchain	*Barchingen.*	Meurthe.	Sarrebourg.	Sarrebourg.
Barembach	*Barenbach*	Vosges.	St-Dié.	Schirmeck.
Baroche (La)	*Zell*	Haut-Rhin.	Colmar.	La Poutroye.
Baronville	*Baronweiler*	Moselle.	Sarreguemines.	Gros-Tenquin.
Barr	. . . .	Bas-Rhin.	Schlestadt.	Barr.
Barst	. . . .	Moselle.	Sarreguemines.	St-Avold.
Bartenheim	. . . .	Haut-Rhin.	Mulhouse.	Landser.
Bassemberg	*Bassenberg.*	Bas-Rhin.	Schlestadt.	Villé.

(1) Pays comprenant 8 communes du canton de Schirmeck.

LOCALITÉS		BEZIRK (DÉPARTEMENT)	KREIS (CERCLE)	KANTON (CANTON)
NOM ALLEMAND	NOM DIFFÉRENT en français			
Arsweiler		Lothringen.	Diedenhofen.	Kattenhofen.
Artolsheim		Unter-Elsass.	Schlettstadt.	Markolsheim.
Arzenheim	*Artzenheim.*	Ober-Elsass.	Colmar.	Andolsheim.
Arzweiler.	*Arschwiller.*	Lothringen.	Saarburg.	Pfalzburg.
Aschbach		Unter-Elsass.	Weissenburg.	Selz.
Aspach		Ober-Elsass.	Altkirch.	Altkirch.
Aspach		Lothringen.	Saarburg.	Lörchingen.
Assweiler.	*Asswiller.*	Unter-Elsass.	Zabern.	Drulingen.
Attenschweiler	*Attenschwiller*	Ober-Elsass.	Mülhausen.	Hüningen.
Attiloncourt.	*Attiloncourt*	Lothringen.	Château-Salins.	Château-Salins.
Aue.		Ober-Elsass.	Thann.	Masmünster.
Auenheim		Unter-Elsass.	Hagenau.	Bischweiler.
Augny		Lothringen.	Metz.	Metz.
Aulnois	*Aulnois-sur-Seille.*	Lothringen.	Château-Salins.	Delme.
Aumetz		Lothringen.	Diedenhofen.	Fentsch.
Avenheim		Unter-Elsass.	Strassburg.	Truchtersheim.
Avolsheim		Unter-Elsass.	Molsheim.	Molsheim.
Avricourt		Lothringen.	Saarburg.	Rixingen.
Ay		Lothringen.	Metz.	Vigy.
Azoudange		Lothringen.	Saarburg.	Rixingen.

B

NOM ALLEMAND	NOM DIFFÉRENT en français	BEZIRK	KREIS	KANTON
Bacourt		Lothringen.	Château-Salins.	Delme.
Bärendorf.	*Bærendorf.*	Unter-Elsass.	Zabern.	Drulingen.
Bärenthal.	*Bærenthal*	Lothringen.	Saargemünd.	Bitsch.
Balbronn	*Ballbronn*	Unter-Elsass.	Molsheim.	Wasselnheim.
Baldenheim		Unter-Elsass.	Schlettstadt.	Markolsheim.
Baldersheim		Ober-Elsass.	Mülhausen.	Habsheim.
Balgau		Ober-Elsass.	Colmar.	Neubreisach.
Ballersdorf		Ober-Elsass.	Altkirch.	Altkirch.
Balschweiler	*Balschwiller*	Ober-Elsass.	Altkirch.	Dammerkirch.
Balzenheim.	*Baltzenheim*	Ober-Elsass.	Colmar.	Andolsheim.
Ban-Saint-Martin		Lothringen.	Metz.	Metz.
Banzenheim	*Bantzenheim*	Ober-Elsass.	Mülhausen.	Habsheim.
Barchingen	*Barchain.*	Lothringen.	Saarburg.	Saarburg.
Barenbach	*Barembach.*	Unter-Elsass.	Molsheim.	Schirmeck.
Baronsweiler		Ober-Elsass.	Altkirch.	Dammerkirch.
Baronweiler	*Baronville*	Lothringen.	Forbach.	Grosstänchen.
Barr		Unter-Elsass.	Schlettstadt.	Barr.
Barst		Lothringen.	Forbach.	St Avold.
Bartenheim		Ober-Elsass.	Mülhausen.	Landser.
Bassenberg	*Bassemberg*	Unter-Elsass.	Schlettstadt.	Weiler.
Battenheim		Ober-Elsass.	Mülhausen.	Habsheim.
Batzendorf		Unter-Elsass.	Hagenau.	Hagenau.
Baudrecourt		Lothringen.	Château-Salins.	Delme.
Baumbiedersdorf	*Bambiderstroff*	Lothringen.	Bolchen.	Falkenberg.
Bazoncourt		Lothringen.	Metz.	Pange.

LOCALITÉS		DÉPARTEMENT	ARRONDISSEMENT	CANTON
NOM FRANÇAIS	NOM DIFFÉRENT en allemand			
Bassing	*Bessingen*	Meurthe.	Château-Salins.	Dieuze.
Bathelémont-lès-Bauzemont.	. . . .	Meurthe.	Château-Salins.	Vic.
Battenheim.	. . . .	Haut-Rhin.	Mulhouse.	Habsheim.
Batzendorf	. . . .	Bas-Rhin.	Strasbourg.	Haguenau.
Baudrecourt.	. . . .	Meurthe.	Château-Salins.	Delme.
Bazoncourt	. . . .	Moselle.	Metz.	Pange.
Bébing	*Bebing*	Meurthe.	Sarrebourg.	Sarrebourg.
Beblenheim.	*Bebelnheim*. . . .	Haut-Rhin.	Colmar.	Kaysersberg.
Béchy	. . . .	Moselle.	Metz.	Pange.
Behlenheim.	. . . .	Bas-Rhin.	Strasbourg.	Truchtersheim.
Beinheim.	. . . .	Bas-Rhin.	Wissembourg.	Seltz.
Bellange	. . . .	Meurthe.	Château-Salins.	Château-Salins.
Bellefosse.	. . . .	Bas-Rhin.	Schlestadt.	Villé.
Bellemagny.	. . . .	Haut-Rhin.	Belfort.	Fontaine.
Belmont *ou* Belmont-de-la-Roche	. . . .	Bas-Rhin.	Schlestadt.	Villé.
Bendorff	*Bendorf*	Haut-Rhin.	Mulhouse.	Ferrette.
Bénestroff	*Bensdorf*. . . .	Meurthe.	Château-Salins.	Albestroff.
Benfeld	. . . .	Bas-Rhin.	Schlestadt.	Benfeld.
Béning-lès-Rorbach . .	*Biningen*. . . .	Moselle.	Sarreguemines.	Rorbach.
Béning-lès-St-Avold . .	*Beningen*. . . .	Moselle.	Sarreguemines.	St-Avold.
Bennwihr	*Bennweier*	Haut-Rhin.	Colmar.	Kaysersberg
Berentzwiller.	*Berenzweiler* . . .	Haut-Rhin.	Mulhouse.	Altkirch.
Berg.	. . . .	Moselle.	Thionville.	Cattenom.
Berg.	. . . .	Bas-Rhin.	Saverne.	Drulingen.
Bergbieten	. . . .	Bas-Rhin.	Strasbourg.	Wasselonne.
Bergheim.	. . . .	Haut-Rhin.	Colmar.	Ribeauvillé.
Bergholtz.	*Bergholz*. . . .	Haut-Rhin.	Colmar.	Guebwiller.
Bergholtz-Zell.	*Bergholz-Zell*. .	Haut-Rhin.	Colmar.	Guebwiller.
Berig.	*Berg*.	Moselle.	Sarreguemines.	Gros-Tenquin.
Berlingen	. . . .	Meurthe.	Sarrebourg.	Phalsbourg.
Bermering	*Bermeringen* . . .	Meurthe.	Château-Salins.	Albestroff.
Bernardswiller	*Bernhardsweiler* .	Bas-Rhin.	Schlestadt.	Barr.
Bernardswiller	*Bernhardsweiler* .	Bas-Rhin.	Schlestadt.	Obernai.
Bernolsheim	. . . .	Bas-Rhin.	Strasbourg.	Brumath.
Bernwiller	*Bernweiler*	Haut-Rhin.	Belfort.	Cernay.
Berstett	. . . .	Bas-Rhin.	Strasbourg.	Truchtersheim.
Berstheim	. . . .	Bas-Rhin.	Strasbourg.	Haguenau.
Berthelming	*Berthelmingen* . .	Meurthe.	Sarrebourg.	Fénétrange.
Bertrange.	*Bertringen*. . . .	Moselle.	Thionville.	Metzerwisse.
Bertring	*Bertringen* . . .	Moselle.	Sarreguemines.	Gros-Tenquin.
Berweiller	*Berweiler*	Moselle.	Thionville.	Bouzonville.
Berwiller.	*Berrweiler*. . . .	Haut-Rhin.	Colmar.	Soultz.
Bettange	*Bettingen*.	Moselle.	Metz.	Boulay.
Bettborn	. . . .	Meurthe.	Sarrebourg.	Fénétrange.
Bettendorff.	*Bettendorf*. . . .	Haut-Rhin.	Mulhouse.	Hirsingen.
Betting.	*Bettingen*.	Moselle.	Sarreguemines.	St-Avold.
Bettlach	. . . .	Haut-Rhin.	Mulhouse.	Ferrette.
Bettlainville	*Bettsdorf*.	Moselle.	Thionville.	Metzerwisse.
Bettwiller	*Bettweiler*	Moselle.	Sarreguemines.	Rorbach.
Bettwiller	*Bettweiler*	Bas-Rhin.	Saverne.	Drulingen.
Beux (Hte et Bsse) . . .	. . . .	Moselle.	Metz.	Pange.
Beyren.	*Beiern*.	Moselle.	Thionville.	Cattenom.
Bezange-la-Petite . . .	*Klein-Bessingen*. .	Meurthe.	Château-Salins.	Vic.
Bibiche.	*Bibisch*.	Moselle.	Thionville.	Bouzonville.

LOCALITÉS		BEZIRK (DÉPARTEMENT)	KREIS (CERCLE)	KANTON (CANTON)
NOM ALLEMAND	NOM DIFFÉRENT en français			
Bebelnheim	*Beblenheim*	Ober-Elsass.	Rappoltsweiler.	Kaysersberg.
Bebing	*Bébing*	Lothringen.	Saarburg.	Saarburg.
Béchy		Lothringen.	Metz.	Pange.
Behlenheim		Unter-Elsass.	Strassburg.	Truchtersheim.
Beiern	*Beyren*	Lothringen.	Diedenhofen.	Kattenhofen.
Beinheim		Unter-Elsass.	Weissenburg.	Selz.
Bellefosse		Unter-Elsass.	Molsheim.	Schirmeck.
Belmont		Unter-Elsass.	Molsheim.	Schirmeck.
Bendorf	*Bendorff*	Ober-Elsass.	Altkirch.	Pfirt.
Benfeld		Unter-Elsass.	Erstein.	Benfeld.
Beningen	*Bening-lès-St-Avold*	Lothringen.	Forbach.	St Avold.
Bennweier	*Bennwihr*	Ober-Elsass.	Rappoltsweiler.	Kaysersberg.
Bensdorf	*Bénestroff*	Lothringen.	Château-Salins.	Albesdorf.
Berenzweiler	*Berentzwiller*	Ober-Elsass.	Altkirch.	Altkirch.
Berg		Lothringen.	Diedenhofen.	Kattenhofen.
Berg		Unter-Elsass.	Zabern.	Drulingen.
Berg	*Berig*	Lothringen.	Forbach.	Grosstänchen.
Bergbieten		Unter-Elsass.	Molsheim.	Wasselnheim.
Bergheim		Ober-Elsass.	Rappoltsweiler.	Rappoltsweiler.
Bergholz	*Bergholtz*	Ober-Elsass.	Gebweiler.	Gebweiler.
Bergholz-Zell	*Bergholtz-Zell*	Ober-Elsass.	Gebweiler.	Gebweiler.
Berlingen		Lothringen.	Saarburg.	Pfalzburg.
Bermeringen	*Bermering*	Lothringen.	Château-Salins.	Albesdorf.
Bernhardsweiler	*Bernardswiller*	Unter-Elsass.	Schlettstadt.	Barr.
Bernhardsweiler	*Bernardswiller*	Unter-Elsass.	Erstein.	Oberehnheim.
Bernolsheim		Unter-Elsass.	Strassburg.	Brumath.
Bernweiler	*Bernwiller*	Ober-Elsass.	Thann.	Sennheim.
Berrweiler	*Berwiller*	Ober-Elsass.	Gebweiler.	Sulz.
Berstett		Unter-Elsass.	Strassburg.	Truchtersheim.
Berstheim		Unter-Elsass.	Hagenau.	Hagenau.
Berthelmingen	*Berthelming*	Lothringen.	Saarburg.	Finstingen.
Bertringen	*Bertring*	Lothringen.	Forbach.	Grosstänchen.
Bertringen	*Bertrange*	Lothringen.	Diedenhofen.	Metzerwiese.
Berweiler	*Berweiller*	Lothringen.	Bolchen.	Busendorf.
Bessingen	*Bassing*	Lothringen.	Château-Salins.	Dieuze.
Bettborn		Lothringen.	Saarburg.	Finstingen.
Bettendorf	*Bettendorff*	Ober-Elsass.	Altkirch.	Hirsingen.
Bettingen	*Bettange*	Lothringen.	Bolchen.	Bolchen.
Bettingen	*Betting*	Lothringen.	Forbach.	St Avold.
Bettlach		Ober-Elsass	Altkirch.	Pfirt.
Bettsdorf	*Bettlainville*	Lothringen.	Diedenhofen.	Metzerwiese.
Bettweiler	*Bettwiller*	Unter-Elsass.	Zabern.	Drulingen.
Bettweiler	*Bettwiller*	Lothringen.	Saargemünd.	Rohrbach.
Beux		Lothringen.	Metz.	Pange.
Biberkirch	*Bieberskirch*	Lothringen.	Saarburg.	Saarburg.
Bibisch	*Bibiche*	Lothringen.	Bolchen.	Busendorf.
Biblisheim		Unter-Elsass.	Weissenburg.	Wörth.
Bickenholz	*Bickenholtz*	Lothringen.	Saarburg.	Finstingen.
Bidlingen	*Budling*	Lothringen.	Diedenhofen.	Metzerwiese.
Biederthal		Ober-Elsass.	Altkirch.	Pfirt.
Biedesdorf	*Bidestroff*	Lothringen.	Château-Salins.	Dieuze.
Biesheim		Ober-Elsass.	Colmar.	Neubreisach.
Biettenheim		Unter-Elsass.	Strassburg.	Brumath.
Bilwisheim		Unter-Elsass.	Strassburg.	Brumath.
Bilzheim	*Biltzheim*	Ober-Elsass.	Gebweiler.	Ensisheim.

LOCALITÉS		DÉPARTEMENT	ARRONDISSEMENT	CANTON
NOM FRANÇAIS	NOM DIFFÉRENT en allemand			
Biblisheim		Bas-Rhin.	Wissembourg.	Wœrth.
Bickenholtz	*Bickenholz*	Meurthe.	Sarrebourg.	Fénétrange.
Bidestroff	*Biedesdorf*	Meurthe.	Château-Salins.	Dieuze.
Biding	*Büdingen*	Moselle.	Sarreguemines.	Gros-Tenquin.
Biebersklrch	*Biberkirch*	Meurthe.	Sarrebourg.	Sarrebourg.
Biederthal		Haut-Rhin.	Mulhouse.	Ferrette.
Biesheim		Haut-Rhin.	Colmar.	Neufbrisach.
Bietlenheim		Bas-Rhin.	Strasbourg.	Brumath.
Biltzheim	*Bilzheim*	Haut-Rhin.	Colmar.	Ensisheim.
Bilwisheim		Bas-Rhin.	Strasbourg.	Brumath.
Bindernheim		Bas-Rhin.	Strasbourg.	Marckolsheim.
Bioncourt		Meurthe.	Château-Salins.	Château-Salins.
Bionville	*Bingen*	Moselle.	Metz.	Boulay.
Birckenwald	*Birkenwald*	Bas-Rhin.	Saverne.	Marmoutier.
Birlenbach		Bas-Rhin.	Wissembourg.	Soultz-s.-Forêts.
Bischheim		Bas-Rhin.	Strasbourg.	Schiltigheim.
Bischholtz	*Bischholz*	Bas-Rhin.	Saverne.	Bouxwiller.
Bischoffsheim	*Bischofsheim*	Bas-Rhin.	Schlestadt.	Rosheim.
Bischwihr	*Bischweier*	Haut-Rhin.	Colmar.	Andolsheim.
Bischwiller	*Bischweiler*	Bas-Rhin.	Strasbourg.	Bischwiller.
Bisel		Haut-Rhin.	Mulhouse.	Hirsingen.
Bisping		Meurthe.	Sarrebourg.	Fénétrange.
Bissert		Bas-Rhin.	Saverne.	Saar-Union.
Bisten-im-Loch		Moselle.	Metz.	Boulay.
Bistroff	*Bischdorf*	Moselle.	Sarreguemines.	Gros-Tenquin.
Bitche	*Bitsch*	Moselle.	Sarreguemines.	Bitche.
Bitschhoffen	*Bitschhofen*	Bas-Rhin.	Wissembourg.	Niederbronn.
Bitschwiller	*Bitschweiler*	Haut-Rhin.	Belfort.	Thann.
Blæsheim	*Bläsheim*	Bas-Rhin.	Strasbourg.	Geispolsheim.
Blanche-Église	*Weisskirchen*	Meurthe.	Château-Salins.	Dieuze.
Blancherupt		Bas-Rhin.	Schlestadt.	Villé.
Blienschwiller	*Blienschweiler*	Bas-Rhin.	Schlestadt.	Barr.
Bliesbrucken	*Bliesbrücken*	Moselle.	Sarreguemines.	Sarreguemines.
Blise-Elbersing	*Blies-Ebersingen*	Moselle.	Sarreguemines.	Sarreguemines.
Blise-Guerswiller	*Blies-Gersweiler*	Moselle.	Sarreguemines.	Sarreguemines.
Blodelsheim		Haut-Rhin.	Colmar.	Ensisheim.
Blotzheim		Haut-Rhin.	Mulhouse.	Huningue.
Bœrsch	*Börsch*	Bas-Rhin.	Schlestadt.	Rosheim.
Bœsenbiesen	*Bösenbiesen*	Bas-Rhin.	Schlestadt.	Marckolsheim.
Bollwiller	*Bollweiler*	Haut-Rhin.	Colmar.	Soultz.
Bolsenheim		Bas-Rhin.	Schlestadt.	Erstein.
Bonhomme (Le)	*Diedolshausen*	Haut-Rhin.	Colmar.	La Poutroye.
Boofzheim		Bas-Rhin.	Schlestadt.	Benfeld.
Bootzheim	*Boozheim*	Bas-Rhin.	Schlestadt.	Marckolsheim.
Borny		Moselle.	Metz.	Metz.
Bosselshausen		Bas-Rhin.	Saverne.	Bouxwiller.
Bossendorf		Bas-Rhin.	Saverne.	Hochfelden.
Boucheporn	*Buschborn*	Moselle.	Metz.	Boulay.
Boulange	*Bollingen*	Moselle.	Briey.	Audun-le-Roman.
Boulay	*Bolchen*	Moselle.	Metz.	Boulay.
Bourbach-le-Bas	*Niederburbach*	Haut-Rhin.	Belfort.	Thann.
Bourbach-le-Haut	*Oberburbach*	Haut-Rhin.	Belfort.	Thann.
Bourdonnay	*Bourdonnaye*	Meurthe.	Château-Salins.	Vic.
Bourgaltroff	*Burgaltdorf*	Meurthe.	Château-Salins.	Dieuze.
Bourg-Bruche		Vosges.	St-Dié.	Saales.

LOCALITÉS — NOM ALLEMAND	LOCALITÉS — NOM DIFFÉRENT en français	BEZIRK (DÉPARTEMENT)	KREIS (CERCLE)	KANTON (CANTON)
Bindernheim	. . . .	Unter-Elsass.	Schlettstadt.	Markolsheim.
Bingen	*Bionville*	Lothringen.	Bolchen.	Bolchen.
Binlngen	*Béning-lès-Rorbach*	Lothringen.	Saargemünd.	Rohrbach.
Bioncourt	. . . .	Lothringen.	Château-Salins.	Château-Salins.
Birkenwald	*Birckenwald*	Unter-Elsass.	Zabern.	Maursmünster.
Birlenbach	. . . .	Unter-Elsass.	Weissenburg.	Sulz unterm Wald.
Bischdorf	*Bistroff*	Lothringen.	Forbach.	Grosstänchen.
Bischheim	. . . .	Unter-Elsass.	Strassburg.	Schiltigheim.
Bischholz	*Bischholtz*	Unter-Elsass.	Zabern.	Buchsweiler.
Bischofsheim	*Bischoffsheim*	Unter-Elsass.	Molsheim.	Rosheim.
Bischweier	*Bischwihr*	Ober-Elsass.	Colmar.	Andolsheim.
Bischweiler	*Bischwiller*	Unter-Elsass.	Hagenau.	Bischweiler.
Bisel	. . . .	Ober-Elsass.	Altkirch.	Hirsingen.
Bisping	. . . .	Lothringen.	Saarburg.	Finstingen.
Bissert	. . . .	Unter-Elsass.	Zabern.	Saarunion.
Bisten im Loch	. . . .	Lothringen.	Bolchen.	Bolchen.
Bitsch	*Bitche*	Lothringen.	Saargemünd.	Bitsch.
Bitschhofen	*Bitschhoffen*	Unter-Elsass.	Hagenau.	Niederbronn.
Bitschweiler	*Bitschwiller*	Ober-Elsass.	Thann.	Thann.
Bisingen	. . . .	Lothringen.	Bolchen.	Bolchen.
Bläsheim	*Blæsheim*	Unter-Elsass.	Erstein.	Geispolsheim.
Bliensbach	. . . .	Unter-Elsass.	Molsheim.	Schirmeck.
Blienschweiler	*Blienschwiller*	Unter-Elsass.	Schlettstadt.	Barr.
Bliesbrücken	*Bliesbrucken*	Lothringen.	Saargemünd.	Saargemünd.
Blies-Ebersingen	*Blise-Elbersing*	Lothringen.	Saargemünd.	Saargemünd.
Blies-Gersweiler	*Blise-Guerswiller*	Lothringen.	Saargemünd.	Saargemünd.
Blodelsheim	. . . .	Ober-Elsass.	Gebweiler.	Ensisheim.
Blotzheim	. . . .	Ober-Elsass.	Mülhausen.	Häningen.
Böllingen	. . . .	Lothringen.	Château-Salins.	Château-Salins.
Börsch	*Bœrsch*	Unter-Elsass.	Molsheim.	Rosheim.
Bösenbiesen	*Bœsenbiesen*	Unter-Elsass.	Schlettstadt.	Markolsheim.
Bolchen	*Boulay*	Lothringen.	Bolchen.	Bolchen.
Bollingen	*Boulange*	Lothringen.	Diedenhofen.	Fentsch.
Bollweiler	*Bollwiller*	Ober-Elsass.	Gebweiler.	Sulz.
Bolsenheim	. . . .	Unter-Elsass.	Erstein.	Erstein.
Boofzheim	. . . .	Unter-Elsass.	Erstein.	Benfeld.
Boozheim	*Bootzheim*	Unter-Elsass.	Schlettstadt.	Markolsheim.
Borny	. . . .	Lothringen.	Metz.	Metz.
Bosselshausen	. . . .	Unter-Elsass.	Zabern.	Buchsweiler.
Bossendorf	. . . .	Unter-Elsass.	Strassburg.	Hochfelden.
Bourdonnaye	*Bourdonnay*	Lothringen.	Château-Salins.	Vic.
Bourg-Bruche	. . . .	Unter-Elsass.	Molsheim.	Saales.
Brauweiler	*Brouviller*	Lothringen.	Saarburg.	Pfalzburg.
Bréhain	. . . .	Lothringen.	Château-Salins.	Delme.
Breidenbach	*Breitenbach*	Lothringen.	Saargemünd.	Wolmünster.
Breisdorf	*Breistroff-la-Grande*	Lothringen.	Diedenhofen.	Kattenhofen.
Breitenau	. . . .	Unter-Elsass.	Schlettstadt.	Weiler.
Breitenbach	. . . .	Ober-Elsass.	Colmar.	Münster.
Breitenbach	. . . .	Unter-Elsass.	Schlettstadt.	Weiler.
Bremmelbach	. . . .	Unter-Elsass.	Weissenburg.	Sulz unterm Wald.
Bretten	. . . .	Ober-Elsass.	Altkirch.	Dammerkirch.
Brettnach	*Brettenach*	Lothringen.	Bolchen.	Busendorf.
Breuschwickersheim	*Bruschwickersheim*	Unter-Elsass.	Strassburg.	Schiltigheim.

LOCALITÉS		DÉPARTEMENT	ARRONDISSEMENT	CANTON
NOM FRANÇAIS	NOM DIFFÉRENT en allemand			
Bourgfelden	*Burgfelden*	Haut-Rhin.	Mulhouse.	Huningue.
Bourscheid	*Burscheid*	Meurthe.	Sarrebourg.	Phalsbourg.
Bousbach	*Buschbach*	Moselle.	Sarreguemines.	Forbach.
Bousse	*Buss*	Moselle.	Thionville.	Metzerwisse.
Bousseviller	*Busweiler*	Moselle.	Sarreguemines.	Volmunster.
Boust	*Bust*	Moselle.	Thionville.	Cattenom.
Boustroff	*Buschdorf*	Moselle.	Sarreguemines.	Gros-Tenquin.
Bouxwiller	*Buchsweiler*	Bas-Rhin.	Saverne.	Bouxwiller.
Bouxwiller	*Buchsweiler*	Haut-Rhin.	Mulhouse.	Ferrette.
Bouzonville	*Busendorf*	Moselle.	Thionville.	Bouzonville.
Bréchaumont	*Brückensweiler*	Haut-Rhin.	Belfort.	Fontaine.
Breidenbach		Moselle.	Sarreguemines.	Volmunster.
Breistroff-la-Grande	*Breisdorf*	Moselle.	Thionville.	Cattenom.
Breitenau		Bas-Rhin.	Schlestadt.	Villé.
Breitenbach	*Breidenbach*	Haut-Rhin.	Colmar.	Munster.
Breitenbach		Bas-Rhin.	Schlestadt.	Villé.
Bremmelbach		Bas-Rhin.	Wissembourg.	Soultz-s.-Forêts.
Bretten		Haut-Rhin.	Belfort.	Fontaine.
Brettenach	*Brettnach*	Moselle.	Thionville.	Bouzonville.
Brinckheim	*Brinkheim*	Haut-Rhin.	Mulhouse.	Landser.
Brinighoffen	*Brünighofen*	Haut-Rhin.	Mulhouse.	Altkirch.
Bronvaux		Moselle.	Briey.	Briey.
Broque (La)	*Vorbruck*	Vosges.	Saint-Dié.	Schirmeck.
Brouck	*Bruchen*	Moselle.	Metz.	Boulay.
Brouderdorff	*Bruderdorf*	Meurthe.	Sarrebourg.	Sarrebourg.
Brouviller	*Brauweiler*	Meurthe.	Sarrebourg.	Phalsbourg.
Bruebach	*Brubach*	Haut-Rhin.	Mulhouse.	Landser.
Brulange	*Brülingen*	Moselle.	Sarreguemines.	Gros-Tenquin.
Brumath		Bas-Rhin.	Strasbourg.	Brumath.
Brunstatt		Haut-Rhin.	Mulhouse.	Mulhouse.
Bruschwickersheim	*Breuschwickersheim*	Bas-Rhin.	Strasbourg.	Schiltigheim.
Bucby		Moselle.	Metz.	Verny.
Buding	*Büdingen*	Moselle.	Thionville.	Metzerwisse.
Budling	*Bidlingen*	Moselle.	Thionville.	Metzerwisse.
Bueswiller	*Büsweiler*	Bas-Rhin.	Saverne.	Bouxwiller.
Buettwiller	*Bütweiler*	Haut-Rhin.	Belfort.	Dannemarie.
Buhl	*Bühl*	Meurthe.	Sarrebourg.	Sarrebourg.
Buhl	*Bühl*	Bas-Rhin.	Wissembourg.	Seltz.
Buhl	*Bühl*	Haut-Rhin.	Colmar.	Guebwiller.
Burbach		Bas-Rhin.	Saverne.	Drulingen.
Burgheim		Bas-Rhin.	Schlestadt.	Obernai.
Burlioncourt		Meurthe.	Château-Salins.	Château-Salins.
Burnhaupt-le-Bas	*Niederburnhaupt*	Haut-Rhin.	Mulhouse.	Cernay.
Burnhaupt-le-Haut	*Oberburnhaupt*	Haut-Rhin.	Mulhouse.	Cernay.
Burtoncourt	*Brittendorf*	Moselle.	Metz.	Vigy.
Buschwiller	*Buschweiler*	Haut-Rhin.	Mulhouse.	Huningue.
Bust	*Büst*	Bas-Rhin.	Saverne.	Drulingen.
Butten	*Bütten*	Bas-Rhin.	Saverne.	Saar-Union.

C

Capelle		Moselle.	Sarreguemines.	St-Avold.
Carspach		Haut-Rhin.	Mulhouse.	Altkirch.
Cattenom	*Kattenhofen*	Moselle.	Thionville.	Cattenom.

LOCALITÉS — NOM ALLEMAND	LOCALITÉS — NOM DIFFÉRANT en français	BEZIRK (DÉPARTEMENT)	KREIS (CERCLE)	KANTON (CANTON)
Brinkheim	*Brinckheim*	Ober-Elsass.	Mülhausen.	Landser.
Brittendorf	*Burtoncourt*	Lothringen.	Metz.	Vigy.
Bronvaux		Lothringen.	Metz.	Metz.
Brubach	*Bruebach*	Ober-Elsass.	Mülhausen.	Landser.
Bruchen	*Brouck*	Lothringen.	Bolchen.	Bolchen.
Bruderdorf	*Brouderdorff*	Lothringen.	Saarburg.	Saarburg.
Brückensweiler	*Bréchaumont*	Ober-Elsass.	Altkirch.	Dammerkirch.
Brülingen	*Brulange*	Lothringen.	Forbach.	Grosstänchen.
Brünighofen	*Brinighoffen*	Ober-Elsass.	Altkirch.	Altkirch.
Brumath		Unter-Elsass.	Strassburg.	Brumath.
Brunstatt		Ober-Elsass.	Mülhausen.	Mülhausen-Süd.
Buchsweiler	*Bouxwiller*	Unter-Elsass.	Zabern.	Buchsweiler.
Buchsweiler	*Bouxwiller*	Ober-Elsass.	Altkirch.	Pfirt.
Buchy		Lothringen.	Metz.	Verny.
Büdingen	*Biding*	Lothringen.	Forbach.	Grosstänchen.
Büdingen	*Buding*	Lothringen.	Diedenhofen.	Metzerwiese.
Bühl	*Buhl*	Ober-Elsass.	Gebweiler.	Gebweiler.
Bühl	*Buhl*	Lothringen.	Saarburg.	Saarburg.
Bühl	*Buhl*	Unter-Elsass.	Weissenburg.	Selz.
Büst	*Bust*	Unter-Elsass.	Zabern.	Drulingen.
Büsweiler	*Bueswiller*	Unter-Elsass.	Zabern.	Buchsweiler.
Bütten	*Butten*	Ober-Elsass.	Zabern.	Saarunion.
Bütweiler	*Buettwiller*	Unter-Elsass.	Altkirch.	Dammerkirch.
Burbach		Ober-Elsass.	Zabern.	Drulingen.
Burgaltdorf	*Bourgaltroff*	Lothringen.	Château-Salins.	Dieuze.
Burgfelden	*Bourgfelden*	Ober-Elsass.	Mülhausen.	Hüningen.
Burgheim		Unter-Elsass.	Erstein.	Oberehnheim.
Burlioncourt		Lothringen.	Château-Salins.	Château-Salins.
Burscheid	*Bourscheid*	Lothringen.	Saarburg.	Pfalzburg.
Buschbach	*Bousbach*	Lothringen.	Forbach.	Forbach.
Buschborn	*Boucheporn*	Lothringen.	Bolchen.	Bolchen.
Buschdorf	*Boustroff*	Lothringen.	Forbach.	Grosstänchen.
Buschweiler	*Buschwiller*	Ober-Elsass.	Mülhausen.	Hüningen.
Busendorf	*Bouzonville*	Lothringen.	Bolchen.	Busendorf.
Buss	*Bousse*	Lothringen.	Diedenhofen.	Metzerwiese.
Bust	*Boust*	Lothringen.	Diedenhofen.	Kattenhofen.
Busweiler	*Bousseviller*	Lothringen.	Saargemünd.	Wolmünster.

C

Cappel		Lothringen.	Forbach.	St Avold.
Carspach		Ober-Elsass.	Altkirch.	Altkirch.
Chailly bei Ennery	*Chailly-lès-Ennery*	Lothringen.	Metz.	Vigy.

LOCALITÉS		DÉPARTEMENT	ARRONDISSEMENT	CANTON
NOM FRANÇAIS	NOM DIFFÉRENT en allemand			
Cernay	*Sennheim*	Haut-Rhin.	Belfort.	Cernay.
Chailly lès-Ennery	*Chailly bei Ennery*	Moselle.	Metz.	Vigy.
Chalampé	*Eichwald*	Haut-Rhin.	Mulhouse.	Habsheim.
Chambre (La)	*Kammern*	Moselle.	Sarreguemines.	St-Avold.
Chambrey		Meurthe.	Château-Salins.	Château-Salins.
Chanville		Moselle.	Metz.	Pange.
Charleville		Moselle.	Metz.	Vigy.
Charly		Moselle.	Metz.	Vigy.
Château-Bréhain		Meurthe.	Château-Salins.	Delme.
Châteaurouge	*Rothendorf*	Moselle.	Thionville.	Bouzonville.
Château-Salins		Meurthe.	Château-Salins.	Château-Salins.
Château-Voué	*Dürkastel*	Meurthe.	Château-Salins.	Château-Salins.
Châtel-St-Germain		Moselle.	Metz.	Gorze.
Châtenois	*Kestenholz*	Bas-Rhin.	Schlestadt.	Schlestadt.
Chavanne-sur-l'Étang	*Schaffnatt am Weiher*	Haut-Rhin.	Belfort.	Fontaine.
Chémery		Moselle.	Metz.	Faulquemont.
Chémery (Les Deux-)	*Schemerich*	Moselle.	Thionville.	Bouzonville.
Cheminot		Moselle.	Metz.	Verny.
Chénois		Meurthe.	Château-Salins.	Delme.
Chérisey		Moselle.	Metz.	Verny.
Chesny		Moselle.	Metz.	Verny.
Chicourt		Meurthe.	Château-Salins.	Delme.
Chieulles		Moselle.	Metz.	Metz.
Cléebourg	*Kleeburg*	Bas-Rhin.	Wissembourg.	Wissembourg.
Climbach	*Klimbach*	Bas-Rhin.	Wissembourg.	Wissembourg.
Cocheren	*Kochern*	Moselle.	Sarreguemines.	Forbach.
Coincy		Moselle.	Metz.	Pange.
Coin-lès-Cuvry	*Coin bei Cuvry*	Moselle.	Metz.	Verny.
Coin-sur-Seille	*Coin an der Seille*	Moselle.	Metz.	Verny.
Colligny		Moselle.	Metz.	Pange.
Collonge (La)		Haut-Rhin.	Belfort.	Fontaine.
Colmar		Haut-Rhin.	Colmar.	Colmar.
Colmen		Moselle.	Thionville.	Bouzonville.
Colroy-la-Roche *ou* Conrot		Vosges.	St-Dié.	Saales.
Condé-Northen	*Contchen*	Moselle.	Metz.	Boulay.
Conthil		Meurthe.	Château-Salins.	Château-Salins.
Corny-sur-Moselle		Moselle.	Metz.	Gorze.
Cosswiller	*Kossweiler*	Bas-Rhin.	Strasbourg.	Wasselonne.
Coume	*Kuhmen*	Moselle.	Metz.	Boulay.
Courcelles-Chaussy	*Kurzel*	Moselle.	Metz.	Pange.
Courcelles-sur-Nied	*Courcelles an der Nied*	Moselle.	Metz.	Pange.
Courtavon	*Ottendorf*	Haut-Rhin.	Mulhouse.	Ferrette.
Coutures		Meurthe.	Château-Salins.	Château-Salins.
Craincourt		Meurthe.	Château-Salins.	Delme.
Crastatt	*Krastatt*	Bas-Rhin.	Saverne.	Marmoutier.
Créhange	*Kriechingen*	Moselle.	Metz.	Faulquemont.
Croettwiller	*Kröttweiler*	Bas-Rhin.	Wissembourg.	Seltz.
Croix-en-Plaine (S^te-)	*Heiligkreuz*	Haut-Rhin.	Colmar.	Colmar.
Cutting	*Kuttingen*	Meurthe.	Château-Salins.	Dieuze.
Cuvry		Moselle.	Metz.	Verny.

LOCALITÉS		BEZIRK (DÉPARTEMENT)	KREIS (CERCLE)	KANTON (CANTON)
NOM ALLEMAND	NOM DIFFÉRENT en français			
Chambrey		Lothringen.	Château-Salins.	Château-Salins.
Chanville		Lothringen.	Metz.	Pange.
Charleville		Lothringen.	Metz.	Vigy.
Charly		Lothringen.	Metz.	Vigy.
Château-Bréhain		Lothringen.	Château-Salins.	Delme.
Château-Salins		Lothringen.	Château-Salins.	Château-Salins.
Châtel-St-Germain		Lothringen.	Metz.	Gorze.
Chémery		Lothringen.	Bolchen.	Falkenberg.
Cheminot		Lothringen.	Metz.	Verny.
Chénois		Lothringen.	Château-Salins.	Delme.
Chérisey		Lothringen.	Metz.	Verny.
Chesny		Lothringen.	Metz.	Verny.
Chicourt		Lothringen.	Château-Salins.	Delme.
Chieulles		Lothringen.	Metz.	Metz.
Coin an der Seille	*Coin-sur-Seille*	Lothringen.	Metz.	Verny.
Coin bei Cuvry	*Coin-lès-Cuvry*	Lothringen.	Metz.	Verny.
Coincy		Lothringen.	Metz.	Pange.
Colligny		Lothringen.	Metz.	Pange.
Colmar		Ober-Elsass.	Colmar.	Colmar.
Colmen		Lothringen.	Bolchen.	Busendorf.
Colroy-la-Roche	ou *Conrot*	Unter-Elsass.	Molsheim.	Saales.
Contchen	*Condé-Northen*	Lothringen.	Bolchen.	Bolchen.
Conthil		Lothringen.	Château-Salins.	Château-Salins.
Corny		Lothringen.	Metz.	Gorze.
Courcelles an der Nied	*Courcelles-sur-Nied*	Lothringen.	Metz.	Pange.
Coutures		Lothringen.	Château-Salins.	Château-Salins.
Craincourt		Lothringen.	Château-Salins.	Delme.
Cuvry		Lothringen.	Metz.	Verny.

LOCALITÉS		DÉPARTEMENT	ARRONDISSEMENT	CANTON
NOM FRANÇAIS	NOM DIFFÉRENT en allemand			

D

NOM FRANÇAIS	NOM DIFFÉRENT en allemand	DÉPARTEMENT	ARRONDISSEMENT	CANTON
Dabo ou Dagsbourg	*Dagsburg*	Meurthe.	Sarrebourg.	Phalsbourg.
Dachstein		Bas-Rhin.	Strasbourg.	Molsheim.
Dahlenheim		Bas-Rhin.	Strasbourg.	Wasselonne.
Dain-en-Saulnois	*Dam*	Moselle.	Metz.	Pange.
Dalem		Moselle.	Thionville.	Bouzonville.
Dalhain	*Dalheim*	Meurthe.	Château-Salins.	Château-Salins.
Dalhunden		Bas-Rhin.	Strasbourg.	Bischwiller.
Dalstein		Moselle.	Thionville.	Bouzonville.
Dambach		Bas-Rhin.	Schlestadt.	Barr.
Dambach		Bas-Rhin.	Wissembourg.	Niederbronn.
Dangolsheim		Bas-Rhin.	Strasbourg.	Wasselonne.
Danne-et-Quatre-Vents	*Dann und Vierwinden*	Meurthe.	Sarrebourg.	Phalsbourg.
Dannelbourg	*Dannelburg*	Meurthe.	Sarrebourg.	Phalsbourg.
Dannemarie	*Dammerkirch*	Haut-Rhin.	Belfort.	Dannemarie.
Daubensand		Bas-Rhin.	Schlestadt.	Erstein.
Dauendorf		Bas-Rhin.	Strasbourg.	Haguenau.
Dedeling		Meurthe.	Château-Salins.	Château-Salins.
Dehlingen		Bas-Rhin.	Saverne.	Saar-Union.
Delme		Meurthe.	Château-Salins.	Delme.
Denting	*Dentingen*	Moselle.	Metz.	Boulay.
Desseling	*Disselingen*	Meurthe.	Sarrebourg.	Réchicourt-le-Château.
Dessenheim		Haut-Rhin.	Colmar.	Neufbrisach.
Destrich ou Districh		Moselle.	Sarreguemines.	Gros-Tenquin.
Dettwiller	*Dettweiler*	Bas-Rhin.	Saverne.	Saverne.
Devant-les-Ponts		Moselle.	Metz.	Metz.
Dianne-Capelle	*Dianen-Kappel*	Meurthe.	Sarrebourg.	Phalsbourg.
Dibling	*Dieblingen*	Moselle.	Sarreguemines.	Forbach.
Didenheim		Haut-Rhin.	Mulhouse.	Mulhouse.
Diebolsheim		Bas-Rhin.	Schlestadt.	Marckolsheim.
Diedendorf		Bas-Rhin.	Saverne.	Drulingen.
Dieffenbach	*Diefenbach*	Bas-Rhin.	Schlestadt.	Villé.
Dieffenbach	*Diefenbach*	Bas-Rhin.	Wissembourg.	Wœrth.
Dieffenthal	*Diefenthal*	Bas-Rhin.	Schlestadt.	Schlestadt.
Dieffmatten	*Diefmatten*	Haut-Rhin.	Belfort.	Dannemarie.
Diemeringen		Bas-Rhin.	Saverne.	Drulingen.
Dietwiller	*Dietweiler*	Haut-Rhin.	Mulhouse.	Landser.
Dieuze		Meurthe.	Château-Salins.	Dieuze.
Diffembach-lès-Hellimer	*Diefenbach bei Hellimer*	Moselle.	Sarreguemines.	Gros-Tenquin.
Dimbsthal		Bas-Rhin.	Saverne.	Marmoutier.
Dingsheim		Bas-Rhin.	Strasbourg.	Truchtersheim.
Dinsheim		Bas-Rhin.	Strasbourg.	Molsheim.
Distroff	*Diesdorf*	Moselle.	Thionville.	Metzerwisse.
Dolleren	*Dollern*	Haut-Rhin.	Belfort.	Massevaux.
Dolving	*Dolvingen*	Meurthe.	Sarrebourg.	Fénétrange.
Domfessel		Bas-Rhin.	Saverne.	Saar-Union.
Domnom	*Dommenheim*	Meurthe.	Château-Salins.	Dieuze.
Donjeux		Meurthe.	Château-Salins.	Delme.
Donnelay		Meurthe.	Château-Salins.	Vic.
Donnenheim		Bas-Rhin.	Strasbourg.	Brumath.
Dorlisheim		Bas-Rhin.	Strasbourg.	Molsheim.

LOCALITÉS — NOM ALLEMAND	LOCALITÉS — NOM DIFFÉRENT en français	BEZIRK (DÉPARTEMENT)	KREIS (CERCLE)	KANTON (CANTON)

D

Dachstein		Unter-Elsass.	Molsheim.	Molsheim.
Dagsburg	*Dabo* ou *Dagsbourg*	Lothringen.	Saarburg.	Pfalzburg.
Dahlenheim		Unter-Elsass.	Molsheim.	Wasselnheim.
Dalem		Lothringen.	Bolchen.	Busendorf.
Dalheim	*Dalhain*	Lothringen.	Château-Salins.	Château-Salins.
Dalhunden		Unter-Elsass.	Hagenau.	Bischweiler.
Dalstein		Lothringen	Bolchen.	Busendorf.
Dam	*Dain-en-Saulnois*	Lothringen.	Metz.	Pange.
Dambach		Unter-Elsass.	Schlettstadt.	Barr.
Dambach		Unter-Elsass.	Hagenau.	Niederbronn.
Dammerkirch	*Dannemarie*	Ober-Elsass.	Altkirch.	Dammerkirch.
Dangolsheim		Unter-Elsass.	Molsheim.	Wasselnheim.
Dannelburg	*Dannelbourg*	Lothringen.	Saarburg.	Pfalzburg.
Dann und Vierwinden	*Danne-et-Quatre-Vents*	Lothringen.	Saarburg.	Pfalzburg.
Daubensand		Unter-Elsass.	Erstein.	Erstein.
Dauendorf		Unter-Elsass.	Hagenau.	Hagenau.
Dédeling		Lothringen.	Château-Salins.	Château-Salins.
Dehlingen		Unter-Elsass.	Zabern.	Saarunion.
Delme		Lothringen.	Château-Salins.	Delme.
Dentingen	*Denting*	Lothringen.	Bolchen.	Bolchen.
Dessenheim		Ober-Elsass.	Colmar.	Neubreisach.
Destrich		Lothringen.	Forbach.	Grosstänchen.
Dettweiler	*Dettwiller*	Unter-Elsass.	Zabern.	Zabern.
Deutsch-Oth	*Audun-le-Tiche*	Lothringen.	Diedenhofen.	Fentsch.
Deutsch-Rumbach	*Allemand-Rombach (L')*	Ober-Elsass.	Rappoltsweiler.	Markirch.
Devant-les-Ponts		Lothringen.	Metz.	Metz.
Dianen-Kappel	*Dianne-Capelle*	Lothringen.	Saarburg.	Saarburg.
Didenheim		Ober-Elsass.	Mülhausen.	Mülhausen-Süd.
Dieblingen	*Dibling*	Lothringen.	Forbach.	Forbach.
Diebolsheim		Unter-Elsass.	Schlettstadt.	Markolsheim.
Diedendorf		Unter-Elsass.	Zabern.	Drulingen.
Diedenhofen	*Thionville*	Lothringen.	Diedenhofen.	Diedenhofen.
Diedersdorf	*Thicourt*	Lothringen.	Bolchen.	Falkenberg.
Diedolshausen	*Bonhomme (Le)*	Ober-Elsass.	Rappoltsweiler.	Schnierlach.
Diefenbach	*Dieffenbach*	Unter-Elsass.	Schlettstadt.	Weiler.
Diefenbach	*Dieffenbach*	Unter-Elsass.	Weissenburg.	Wörth.
Diefenbach bei Hellimer	*Diffembach-lès-Hellimer*	Lothringen.	Forbach.	Grosstänchen.
Diefenthal	*Dieffenthal*	Unter-Elsass.	Schlettstadt.	Schlettstadt.
Diefmatten	*Dieffmatten*	Ober-Elsass.	Altkirch.	Dammerkirch.
Diemeringen		Unter-Elsass.	Zabern.	Drulingen.
Diesdorf	*Distroff*	Lothringen.	Diedenhofen.	Metzerwiese.
Dietweiler	*Dietwiller*	Ober-Elsass.	Mülhausen.	Landser.
Dieuze		Lothringen.	Château-Salins.	Dieuze.
Dimbsthal		Unter-Elsass.	Zabern.	Maurmünster.
Dingsheim		Unter-Elsass.	Strassburg.	Truchtersheim.
Dinsheim		Unter-Elsass.	Molsheim.	Molsheim.
Disselingen	*Desseling*	Lothringen.	Saarburg.	Rixingen.

LOCALITÉS — NOM FRANÇAIS	NOM DIFFÉRENT en allemand	DÉPARTEMENT	ARRONDISSEMENT	CANTON
Dornach		Haut-Rhin.	Mulhouse.	Mulhouse.
Dossenheim		Bas-Rhin.	Saverne.	La Petite-Pierre.
Dossenheim		Bas-Rhin.	Strasbourg.	Truchtersheim.
Dourd'hal	*Durchthal*	Moselle.	Sarreguemines.	St-Avold.
Drachenbronn		Bas-Rhin.	Wissembourg.	Soultz-sous-Forêts.
Drulingen		Bas-Rhin.	Saverne.	Drulingen.
Drusenheim		Bas-Rhin.	Strasbourg.	Bischwiller.
Duntzenheim	*Dunzenheim*	Bas-Rhin.	Saverne.	Hochfelden.
Duppigheim	*Düppigheim*	Bas-Rhin.	Strasbourg.	Geispolsheim.
Durlinsdorff	*Dürlinsdorf*	Haut-Rhin.	Mulhouse.	Ferrette.
Durmenach	*Dürmenach*	Haut-Rhin.	Mulhouse.	Ferrette.
Durningen	*Dürningen*	Bas-Rhin.	Strasbourg.	Truchtersheim.
Durrenbach	*Dürrenbach*	Bas-Rhin.	Wissembourg.	Wœrth.
Durrenentzen	*Dürrenenzen*	Haut-Rhin.	Colmar.	Andolsheim.
Durstel		Bas-Rhin.	Saverne.	Drulingen.
Duttlenheim	*Düttlenheim*	Bas-Rhin.	Strasbourg.	Geispolsheim.

E

LOCALITÉS — NOM FRANÇAIS	NOM DIFFÉRENT en allemand	DÉPARTEMENT	ARRONDISSEMENT	CANTON
Éberbach-Seltz	*Eberbach bei Selz*	Bas-Rhin.	Wissembourg.	Seltz.
Éberbach-Wœrth	*Eberbach bei Wörth*	Bas-Rhin	Wissembourg.	Wœrth.
Ébersheim	*Ebersheim*	Bas-Rhin.	Schlestadt.	Schlestadt.
Ébersmunster	*Ebersmunster*	Bas-Rhin.	Schlestadt.	Benfeld.
Éberswiller	*Ebersweiler*	Moselle.	Thionville.	Bouzonville.
Éblange	*Eblingen*	Moselle.	Metz.	Boulay.
Eckartswiller	*Eckartsweiler*	Bas-Rhin.	Saverne.	Saverne.
Eckbolsheim		Bas-Rhin.	Strasbourg.	Schiltigheim.
Eckwersheim		Bas-Rhin.	Strasbourg.	Brumath.
Églingen		Haut-Rhin.	Mulhouse.	Altkirch.
Éguelshardt	*Egelshardt*	Moselle.	Sarreguemines.	Bitche.
Éguisheim	*Egisheim*	Haut-Rhin.	Colmar.	Wintzenheim.
Eichhoffen	*Eichhofen*	Bas-Rhin.	Schlestadt.	Barr.
Einschwiller	*Enschweiler*	Moselle.	Sarreguemines.	Gros-Tenquin.
Elbach	*Ellbach*	Haut-Rhin.	Belfort.	Dannemarie.
Elsenheim		Bas-Rhin.	Schlestadt.	Marckolsheim.
Elvange	*Elwingen*	Moselle.	Metz.	Faulquemont.
Elzange	*Elsingen*	Moselle.	Thionville.	Metzerwisse.
Emlingen		Haut-Rhin.	Mulhouse.	Altkirch.
Enchenberg		Moselle.	Sarreguemines.	Rorbach.
Engenthal		Bas-Rhin.	Strasbourg.	Wasselonne.
Engwiller	*Engweiler*	Bas-Rhin.	Wissembourg.	Niederbronn.

LOCALITÉS — NOM ALLEMAND	NOM DIFFÉRENT en français	BEZIRK (DÉPARTEMENT)	KREIS (CERCLE)	KANTON (CANTON)
Dollern	*Dolleren*	Ober-Elsass.	Thann.	Masmünster.
Dolvingen	*Dolving*	Lothringen	Saarburg.	Finstingen.
Domfessel		Unter-Elsass.	Zabern.	Saarunion.
Dommenheim	*Domnom*	Lothringen.	Château-Salins.	Dieuze.
Donjeux		Lothringen.	Château-Salins.	Delme.
Donnelay		Lothringen.	Château-Salins.	Vic.
Donnenheim		Unter-Elsass.	Strassburg.	Brumath.
Dorlisheim		Unter-Elsass.	Molsheim.	Molsheim.
Dornach		Ober-Elsass.	Mülhausen.	Mülhausen-Süd.
Dornot		Lothringen.	Metz.	Gorze.
Dorsweiler		Lothringen.	Château-Salins.	Albesdorf.
Dossenheim		Unter-Elsass.	Zabern.	Lützelstein.
Dossenheim		Unter-Elsass.	Strassburg.	Truchtersheim.
Drachenbronn		Unter-Elsass.	Weissenburg.	Sulz unterm Wald.
Dreibrunnen	*Trois-Fontaines*	Lothringen.	Saarburg.	Saarburg.
Drulingen		Unter-Elsass.	Zabern.	Drulingen.
Drusenheim		Unter-Elsass.	Hagenau.	Bischweiler.
Düppigheim	*Duppigheim*	Unter-Elsass.	Erstein.	Geispolsheim.
Dürkastel	*Château-Voué*	Lothringen.	Château-Salins.	Château-Salins.
Dürlinsdorf	*Durlinsdorff*	Ober-Elsass.	Altkirch.	Pfirt.
Dürmenach	*Durmenach*	Ober-Elsass.	Altkirch.	Pfirt.
Dürningen	*Durningen*	Unter-Elsass.	Strassburg.	Truchtersheim.
Dürrenbach	*Durrenbach*	Unter-Elsass.	Weissenburg.	Wörth.
Dürrenenzen	*Durrenentzen*	Ober-Elsass.	Colmar.	Andolsheim.
Düttlenheim	*Duttlenheim*	Unter-Elsass.	Erstein.	Geispolsheim.
Dunzenheim	*Duntzenheim*	Unter-Elsass.	Strassburg.	Hochfelden.
Durchthal	*Dourd'hal*	Lothringen.	Forbach.	St Avold.
Durstel		Unter-Elsass.	Zabern.	Drulingen.

E

LOCALITÉS — NOM ALLEMAND	NOM DIFFÉRENT en français	BEZIRK (DÉPARTEMENT)	KREIS (CERCLE)	KANTON (CANTON)
Eberbach bei Selz	*Éberbach-Seltz*	Unter-Elsass.	Weissenburg.	Selz.
Eberbach bei Wörth	*Éberbach-Wœrth*	Unter-Elsass.	Weissenburg.	Wörth.
Ebersheim	*Ébersheim*	Unter-Elsass.	Schlettstadt.	Schlettstadt.
Ebersmünster	*Ébersmunster*	Unter-Elsass.	Schlettstadt.	Schlettstadt
Ebersweiler	*Éberswiller*	Lothringen.	Bolchen.	Busendorf.
Eblingen	*Éblange* ou *Éblingen*	Lothringen.	Bolchen.	Bolchen.
Eckartsweiler	*Eckartswiller*	Unter-Elsass.	Zabern.	Zabern.
Eckbolsheim		Unter-Elsass.	Strassburg.	Schiltigheim.
Eckwersheim		Unter-Elsass.	Strassburg.	Brumath.
Edelingen	*Adelange*	Lothringen.	Bolchen.	Falkenberg.
Egelshardt	*Éguelshardt*	Lothringen.	Saargemünd.	Bitsch.
Egisheim	*Éguisheim*	Ober-Elsass.	Colmar.	Winzenheim.
Eglingen		Ober-Elsass.	Altkirch.	Altkirch.
Eichhofen	*Eichhoffen*	Unter-Elsass.	Schlettstadt.	Barr.
Eichwald	*Chalampé*	Ober-Elsass.	Mülhausen.	Habsheim.
Ellbach	*Elbach*	Ober-Elsass.	Altkirch.	Dammerkirch.
Elsenheim		Unter-Elsass.	Schlettstadt.	Markolsheim.
Elsingen	*Elzange*	Lothringen.	Diedenhofen.	Metzerwiese.
Elwingen	*Elvange*	Lothringen.	Bolchen.	Falkenberg.
Emlingen		Ober-Elsass.	Altkirch.	Altkirch.
Enchenberg		Lothringen.	Saargemünd.	Rohrbach.
Endorf	*Aboncourt*	Lothringen.	Diedenhofen.	Metzerwiese.

LOCALITÉS		DÉPARTEMENT	ARRONDISSEMENT	CANTON
NOM FRANÇAIS	NOM DIFFÉRENT en allemand			
Ennery		Moselle.	Metz.	Vigy.
Enschingen		Haut-Rhin.	Mulhouse.	Altkirch.
Ensisheim		Haut-Rhin.	Colmar.	Ensisheim.
Entzheim	*Enzheim*	Bas-Rhin.	Strasbourg.	Geispolsheim.
Epfig		Bas-Rhin.	Schlestadt.	Barr.
Epping	*Eppingen*	Moselle.	Sarreguemines.	Volmunster.
Erckartswiller	*Erkartsweiler*	Bas-Rhin.	Saverne.	La Petite-Pierre.
Ergersheim		Bas-Rhin.	Strasbourg.	Molsheim.
Erlenbach		Bas-Rhin.	Schlestadt.	Villé.
Ernestwiller	*Ernstweiler*	Moselle.	Sarreguemines.	Sarralbe.
Ernolsheim		Bas-Rhin.	Saverne.	Saverne.
Ernolsheim		Bas-Rhin.	Strasbourg.	Molsheim.
Ersching	*Erchingen*	Moselle.	Sarreguemines.	Volmunster.
Erstein		Bas-Rhin.	Schlestadt.	Erstein.
Erstroff	*Ersdorf*	Moselle.	Sarreguemines.	Gros-Tenquin.
Erzange	*Ersingen*	Moselle.	Thionville.	Thionville.
Eschau		Bas-Rhin.	Strasbourg.	Geispolsheim.
Eschbach		Bas-Rhin.	Wissembourg.	Wœrth.
Eschbach		Haut-Rhin.	Colmar.	Munster.
Eschbourg	*Eschburg*	Bas-Rhin.	Saverne.	La Petite-Pierre.
Eschentzwiller	*Eschenzweiler*	Haut-Rhin.	Mulhouse.	Habsheim.
Escherange	*Escheringen*	Moselle.	Thionville.	Cattenom.
Eschwiller	*Eschweiler*	Bas-Rhin.	Saverne.	Drulingen.
Étangs (Les)	*Tennschen*	Moselle.	Metz.	Vigy.
Eteimbes		Haut-Rhin.	Belfort.	Fontaine.
Ettendorff	*Ettendorf*	Bas-Rhin.	Saverne.	Hochfelden.
Etting	*Ettingen*	Moselle.	Sarreguemines.	Rorbach.
Évrange	*Ewringen*	Moselle.	Thionville.	Cattenom.
Eywiller	*Eyweiler*	Bas-Rhin.	Saverne.	Drulingen.

F

Nom français	Nom différent en allemand	Département	Arrondissement	Canton
Failly		Moselle.	Metz.	Vigy.
Falck	*Falk*	Moselle.	Thionville.	Bouzonville.
Falckwiller	*Falkweiler*	Haut-Rhin.	Belfort.	Dannemarie.
Fameck		Moselle.	Thionville.	Thionville.
Fareberswiller	*Pfarrebersweiler*	Moselle.	Sarreguemines.	St-Avold.
Farschwiller	*Farschweiler*	Moselle.	Sarreguemines.	Forbach.
Faulquemont	*Falkenberg*	Moselle.	Metz.	Faulquemont.
Faxe		Meurthe.	Château-Salins.	Delme.
Fegersheim		Bas-Rhin.	Strasbourg.	Geispolsheim.
Feldbach		Haut-Rhin.	Mulhouse.	Hirsingen.
Feldkirch		Haut-Rhin.	Colmar.	Soultz.
Felleringen		Haut-Rhin.	Belfort.	St-Amarin.
Fénétrange	*Finstingen*	Meurthe.	Sarrebourg.	Fénétrange.
Ferrette	*Pfirt*	Haut-Rhin.	Mulhouse.	Ferrette.
Fessenheim		Bas-Rhin.	Strasbourg.	Truchtersheim.
Fessenheim		Haut-Rhin.	Colmar.	Ensisheim.
Fèves		Moselle.	Metz.	Metz.
Fey		Moselle.	Metz.	Verny.
Filstroff	*Filsdorf*	Moselle.	Thionville.	Bouzonville.
Fislis		Haut-Rhin.	Mulhouse.	Ferrette.

LOCALITÉS		BEZIRK (DÉPARTEMENT)	KREIS (CERCLE)	KANTON (CANTON)
NOM ALLEMAND	NOM DIFFÉRENT en français			
Engenthal		Unter-Elsass.	Molsheim.	Wasselnheim.
Engweiler	*Engwiller*	Unter-Elsass.	Hagenau.	Niederbronn.
Ennery		Lothringen.	Metz.	Vigy.
Enschingen		Ober-Elsass.	Altkirch.	Altkirch.
Enschweiler	*Einschwiller*	Lothringen.	Forbach.	Grosstänchen.
Ensisheim		Ober-Elsass.	Gebweiler.	Ensisheim.
Enzheim	*Entzheim*	Unter-Elsass.	Erstein.	Geispolsheim.
Epfig		Unter-Elsass.	Schlettstadt.	Barr.
Eppingen	*Epping*	Lothringen.	Saargemünd.	Wolmünster.
Erchingen	*Ersching*	Lothringen.	Saargemünd.	Wolmünster.
Ergersheim		Unter-Elsass.	Molsheim.	Molsheim.
Erkartsweiler	*Erckartswiller*	Unter-Elsass.	Zabern.	Lützelstein.
Erlenbach		Unter-Elsass.	Schlettstadt.	Weiler.
Ernolsheim		Unter-Elsass.	Molsheim.	Molsheim.
Ernolsheim		Unter-Elsass.	Zabern.	Zabern.
Ernstweiler	*Ernestwiller*	Lothringen.	Forbach.	Saaralben.
Ersdorf	*Erstroff*	Lothringen.	Forbach.	Grosstänchen.
Ersingen	*Erzange*	Lothringen.	Diedenhofen.	Diedenhofen.
Erstein		Unter-Elsass.	Erstein.	Erstein.
Eschau		Unter-Elsass.	Erstein.	Geispolsheim.
Eschbach		Ober-Elsass.	Colmar.	Münster.
Eschbach		Unter-Elsass.	Weissenburg.	Wörth.
Eschburg	*Eschbourg*	Unter-Elsass.	Zabern.	Lützelstein.
Eschen		Lothringen.	Château-Salins.	Château-Salins.
Eschenzweiler	*Eschentzwiller*	Ober-Elsass.	Mülhausen.	Habsheim.
Escheringen	*Escheronge*	Lothringen.	Diedenhofen.	Kattenhofen.
Eschweiler	*Eschwiller*	Unter-Elsass.	Zabern.	Drulingen.
Essesdorf	*Assénoncourt*	Lothringen.	Saarburg.	Rixingen.
Ettendorf	*Ettendorff*	Unter-Elsass.	Strassburg.	Hochfelden.
Ettingen	*Etting*	Lothringen.	Saargemünd.	Rohrbach.
Ewringen	*Evrange*	Lothringen.	Diedenhofen.	Kattenhofen.
Eyweiler	*Eywiller*	Unter-Elsass.	Zabern.	Drulingen.

F

LOCALITÉS		BEZIRK (DÉPARTEMENT)	KREIS (CERCLE)	KANTON (CANTON)
Failly		Lothringen.	Metz.	Vigy.
Falk	*Falck*	Lothringen.	Bolchen.	Busendorf.
Falkenberg	*Faulquemont*	Lothringen.	Bolchen.	Falkenberg.
Falkweiler	*Falckwiller*	Ober-Elsass.	Altkirch.	Dammerkirch.
Fameck		Lothringen.	Diedenhofen.	Diedenhofen.
Farschweiler	*Farschwiller*	Lothringen.	Forbach.	Forbach.
Fegersheim		Unter-Elsass.	Erstein.	Geispolsheim.
Feldbach		Ober-Elsass.	Altkirch.	Hirsingen.
Feldkirch		Ober-Elsass.	Gebweiler.	Sulz.
Felleringen		Ober-Elsass.	Thann.	St-Amarin.
Fentsch	*Fontoy*	Lothringen.	Diedenhofen.	Fentsch.
Fessenheim		Ober-Elsass.	Gebweiler.	Ensisheim.
Fessenheim		Unter-Elsass.	Strassburg.	Truchtersheim.
Fèves		Lothringen.	Metz.	Metz.
Féy		Lothringen.	Metz.	Verny.
Filsdorf	*Filstroff*	Lothringen.	Bolchen.	Busendorf.
Finstingen	*Fénétrange*	Lothringen.	Saarburg.	Finstingen.
Fislis		Ober-Elsass.	Altkirch.	Pfirt.
Fixem		Lothringen.	Diedenhofen.	Kattenhofen.
Flachslanden	*Flaxlanden*	Ober-Elsass.	Mülhausen.	Mülhausen-Süd.

LOCALITÉS		DÉPARTEMENT	ARRONDISSEMENT	CANTON
NOM FRANÇAIS	NOM DIFFÉRENT en allemand			
Fixem		Moselle.	Thionville.	Cattenom.
Flastroff	*Flasdorf*	Moselle.	Thionville.	Sierck.
Flaxlanden	*Flachslanden*	Haut-Rhin.	Mulhouse.	Landser.
Fleisheim		Meurthe.	Sarrebourg.	Fénétrange.
Flétrange	*Fletringen*	Moselle.	Metz.	Faulquemont.
Fleury		Moselle.	Metz.	Verny.
Flévy		Moselle.	Metz.	Vigy.
Flexbourg	*Flexburg*	Bas-Rhin.	Strasbourg.	Wasselonne.
Flocourt		Moselle.	Metz.	Pange.
Florange	*Flörchingen*	Moselle.	Thionville.	Thionville.
Folckling	*Folklingen*	Moselle.	Sarreguemines.	Forbach.
Folgensbourg	*Volkensberg*	Haut-Rhin.	Mulhouse.	Huningue.
Folschwiller	*Folschweiler*	Moselle.	Sarreguemines.	St-Avold.
Folsperwiller	*Folpersweiler*	Moselle.	Sarreguemines.	Sarreguemines.
Fonteny		Meurthe.	Château-Salins.	Delme.
Fontoy	*Fentsch*	Moselle.	Briey.	Audun-le-Roman.
Forbach		Moselle.	Sarreguemines.	Forbach.
Forstfeld		Bas-Rhin.	Strasbourg.	Bischwiller.
Forstheim		Bas-Rhin.	Wissembourg.	Wœrth.
Fort-Louis		Bas-Rhin.	Strasbourg.	Bischwiller.
Fortschwihr	*Fortschweier*	Haut-Rhin.	Colmar.	Andolsheim.
Fossieux		Meurthe.	Château-Salins.	Delme.
Fouchy	*Grube*	Bas-Rhin.	Schlestadt.	Villé.
Fouday	*Fouday (Urbach)*	Bas Rhin.	Schlestadt.	Villé.
Foulcrey		Meurthe.	Sarrebourg.	Réchicourt.
Fouligny	*Füllingen*	Moselle.	Metz.	Faulquemont.
Foville		Moselle.	Metz.	Verny.
Francken	*Franken*	Haut-Rhin.	Mulhouse.	Altkirch.
Fraquelfing		Meurthe.	Sarrebourg.	Lorquin.
Frauenberg		Moselle.	Sarreguemines.	Sarreguemines.
Freistroff	*Freisdorf*	Moselle.	Thionville.	Bouzonville.
Fréland	*Urbach*	Haut-Rhin.	Colmar.	La Poutroye.
Frémery		Meurthe.	Château-Salins.	Delme.
Frémestroff	*Fremersdorf*	Moselle.	Sarreguemines.	Gros-Tenquin.
Fresnes-en-Saulnois		Meurthe.	Château-Salins.	Château-Salins.
Freybousse	*Freibuss*	Moselle.	Sarreguemines.	Gros-Tenquin.
Freyming	*Freimengen*	Moselle.	Sarreguemines.	St-Avold.
Fribourg	*Freiburg*	Meurthe.	Sarrebourg.	Réchicourt.
Friedolsheim		Bas-Rhin.	Saverne.	Hochfelden.
Friesenheim		Bas-Rhin.	Schlestadt.	Benfeld.
Friessen	*Friesen*	Haut-Rhin.	Mulhouse.	Hirsingen.
Frœningen	*Fröningen*	Haut-Rhin.	Mulhouse.	Altkirch.
Frœschwiller	*Fröschweiler*	Bas-Rhin.	Wissembourg.	Wœrth.
Frohmuhl	*Frohmühl*	Bas-Rhin.	Saverne.	La Petite-Pierre.
Fulleren	*Füllern*	Haut-Rhin.	Mulhouse.	Hirsingen.
Furchhausen		Bas-Rhin.	Saverne.	Saverne.
Furdenheim	*Fürdenheim*	Bas-Rhin.	Strasbourg.	Truchtersheim.

G

NOM FRANÇAIS	NOM DIFFÉRENT en allemand	DÉPARTEMENT	ARRONDISSEMENT	CANTON
Galfingen		Haut-Rhin.	Mulhouse.	Mulhouse.
Gambsheim		Bas-Rhin.	Strasbourg.	Brumath.
Gandrange	*Gandringen*	Moselle.	Thionville.	Thionville.
Garrebourg	*Garburg*	Meurthe.	Sarrebourg.	Phalsbourg.
Garsche		Moselle.	Thionville.	Cattenom.

LOCALITÉS		BEZIRK (DÉPARTEMENT)	KREIS (CERCLE)	KANTON (CANTON)
NOM ALLEMAND	NOM DIFFÉRENT en français			
Flasdorf	*Flastroff*	Lothringen.	Diedenhofen.	Sierck.
Fleisheim		Lothringen.	Saarburg.	Finstingen.
Fletringen	*Flétrange*	Lothringen.	Bolchen.	Falkenberg.
Fleury		Lothringen.	Metz.	Verny.
Flévy		Lothringen.	Metz.	Vigy.
Flexburg	*Flexbourg*	Unter-Elsass.	Molsheim.	Wasselnheim.
Flocourt		Lothringen.	Metz.	Pange.
Flörchingen	*Florange*	Lothringen.	Diedenhofen.	Diedenhofen.
Folklingen	*Folckling*	Lothringen.	Forbach.	Forbach.
Folpersweiler	*Folsperwiller*	Lothringen.	Saargemünd.	Saargemünd.
Folschweiler	*Folschwiller*	Lothringen.	Forbach.	St Avold.
Fonteny		Lothringen.	Château-Salins.	Delme.
Forbach		Lothringen.	Forbach.	Forbach.
Forstfeld		Unter-Elsass.	Hagenau.	Bischweiler.
Forstheim		Unter-Elsass.	Weissenburg.	Wörth.
Fort-Louis		Unter-Elsass.	Hagenau.	Bischweiler.
Fortschweier	*Fortschwihr*	Ober-Elsass.	Colmar.	Andolsheim.
Fossieux		Lothringen.	Château-Salins.	Delme.
Fouday (Urbach)		Unter-Elsass.	Molsheim.	Schirmeck.
Foulcrey		Lothringen.	Saarburg.	Rixingen.
Foville		Lothringen.	Metz.	Verny.
Franken	*Francken*	Ober-Elsass.	Altkirch.	Altkirch.
Fraquelfing		Lothringen.	Saarburg.	Lörchingen.
Frauenberg		Lothringen.	Saargemünd.	Saargemünd.
Freiburg	*Fribourg*	Lothringen.	Saarburg.	Rixingen.
Freibuss	*Freybousse*	Lothringen.	Forbach.	Grosstänchen.
Freimengen	*Freyming*	Lothringen.	Forbach.	St Avold.
Freisdorf	*Freistroff*	Lothringen.	Bolchen.	Busendorf.
Fremersdorf	*Frémestroff*	Lothringen.	Forbach.	Grosstänchen.
Frémery		Lothringen.	Château-Salins.	Delme.
Fresnes-en-Saulnois		Lothringen.	Château-Salins.	Château-Salins.
Friedolsheim		Unter-Elsass.	Strassburg.	Hochfelden.
Friesen	*Friessen*	Ober-Elsass.	Altkirch.	Hirsingen.
Friesenheim		Unter-Elsass.	Erstein.	Benfeld.
Fröningen	*Frœningen*	Ober-Elsass.	Altkirch.	Altkirch.
Fröschweiler	*Frœschwiller*	Unter-Elsass.	Weissenburg.	Wörth.
Frohmühl	*Frohmuhl*	Unter-Elsass.	Zabern.	Lützelstein.
Füllern	*Fulleren*	Ober-Elsass.	Altkirch.	Hirsingen.
Füllingen	*Fouligny*	Lothringen.	Bolchen.	Falkenberg.
Fürdenheim	*Furdenheim*	Unter-Elsass.	Strassburg.	Truchtersheim.
Furchhausen		Unter-Elsass.	Zabern.	Zabern.
G				
Gänglingen	*Guinglange*	Lothringen.	Bolchen.	Falkenberg.
Galfingen		Ober-Elsass.	Mülhausen.	Mülhausen-Süd.
Gambsheim		Unter-Elsass.	Strassburg.	Brumath.
Gandringen	*Gandrange*	Lothringen.	Diedenhofen.	Diedenhofen.
Garburg	*Garrebourg*	Lothringen.	Saarburg.	Pfalzburg.

LOCALITÉS		DÉPARTEMENT	ARRONDISSEMENT	CANTON
NOM FRANÇAIS	NOM DIFFÉRENT en allemand			
Gavisse	*Gauwies*	Moselle.	Thionville.	Cattenom.
Geishausen		Haut-Rhin.	Belfort.	St-Amarin.
Geispitzen		Haut-Rhin.	Mulhouse.	Landser.
Geispolsheim		Bas-Rhin.	Strasbourg.	Geispolsheim.
Geiswasser		Haut-Rhin.	Colmar.	Neufbrisach.
Geiswiller	*Geisweiler*	Bas-Rhin.	Saverne.	Hochfelden.
Gélucourt	*Gisselfingen*	Meurthe.	Château-Salins.	Dieuze.
Gerbécourt		Meurthe.	Château-Salins.	Château-Salins.
Gerstheim-im-Loch	*Gerstheim*	Bas-Rhin.	Schlestadt.	Erstein.
Gertwiller	*Gertweiler*	Bas-Rhin.	Schlestadt.	Barr.
Geudertheim		Bas-Rhin.	Strasbourg.	Brumath.
Gildwiller	*Gildweiler*	Haut-Rhin.	Belfort.	Dannemarie.
Gimbrett		Bas-Rhin.	Strasbourg.	Truchtersheim.
Gingsheim		Bas-Rhin.	Saverne.	Hochfelden.
Givrycourt		Meurthe.	Château-Salins.	Albestroff.
Glattigny	*Glatigny*	Moselle.	Metz.	Vigy.
Gœrlingen	*Görlingen*	Bas-Rhin.	Saverne.	Drulingen.
Gœrsdorf	*Görsdorf*	Bas-Rhin.	Wissembourg.	Wœrth.
Gœtzenbruck	*Götzenbrück*	Moselle.	Sarreguemines.	Bitche.
Goin		Moselle.	Metz.	Verny.
Goldbach		Haut-Rhin.	Belfort.	St-Amarin.
Gommelange	*Gelmingen*	Moselle.	Metz.	Boulay.
Gommersdorf		Haut-Rhin.	Belfort.	Dannemarie.
Gondrexange		Meurthe.	Sarrebourg.	Réchicourt.
Gorze		Moselle.	Metz.	Gorze.
Gosselming	*Gosselmingen*	Meurthe.	Sarrebourg.	Fénétrange.
Gottenhausen		Bas-Rhin.	Saverne.	Marmoutier.
Gottesheim		Bas-Rhin.	Saverne.	Saverne.
Gougenheim	*Gugenheim*	Bas-Rhin.	Strasbourg.	Truchtersheim.
Goxwiller	*Goxweiler*	Bas-Rhin.	Schlestadt.	Obernai.
Grafenstaden (*Voir* Illkirch).				
Grand-Fontaine	*Grandfontaine*	Vosges.	St-Dié.	Schirmeck.
Grassendorff	*Grassendorf*	Bas-Rhin.	Saverne.	Hochfelden.
Gravelotte		Moselle.	Metz.	Gorze.
Greith *ou* Kruth	*Krüt*	Haut-Rhin.	Belfort.	St-Amarin.
Grémecey		Meurthe.	Château-Salins.	Château-Salins.
Grendelbruch		Bas-Rhin.	Schlestadt.	Rosheim.
Grening	*Greningen*	Moselle.	Sarreguemines.	Gros-Tenquin.
Grentzingen	*Grenzingen*	Haut-Rhin.	Mulhouse.	Hirsingen.
Gresswiller	*Gressweiler*	Bas-Rhin.	Strasbourg.	Molsheim.
Gries		Bas-Rhin.	Strasbourg.	Brumath.
Griesbach		Bas-Rhin.	Saverne.	Bouxwiller.
Griesbach		Bas-Rhin.	Wissembourg.	Niederbronn.
Griesbach		Haut-Rhin.	Colmar.	Munster.
Griesheim		Bas-Rhin.	Schlestadt.	Rosheim.
Griesheim		Bas-Rhin.	Strasbourg.	Truchtersheim.
Grindorff	*Grindorf*	Moselle.	Thionville.	Sierck.
Gros-Bliderstroff	*Grossblittersdorf*	Moselle.	Sarreguemines.	Sarreguemines.
Gros-Réderching	*Gross-Rederchingen*	Moselle.	Sarreguemines.	Rorbach.
Gros-Tenquin	*Grosstänchen*	Moselle.	Sarreguemines.	Gros-Tenquin.
Grundorff (*V.* Grindorff).				
Grundwiller	*Grundweiler*	Moselle.	Sarreguemines.	Sarreguemines.
Grussenheim		Haut-Rhin.	Colmar.	Andolsheim.
Guébenhausen	*Gebenhausen*	Moselle.	Sarreguemines.	Sarreguemines.

LOCALITÉS		BEZIRK (DÉPARTEMENT)	KREIS (CERCLE)	KANTON (CANTON)
NOM ALLEMAND	NOM DIFFÉRENT en français			
Garsch		Lothringen.	Diedenhofen.	Kattenhofen.
Gauwies	*Gavisse*	Lothringen.	Diedenhofen.	Kattenhofen.
Gebenhausen	*Guébenhausen.*	Lothringen.	Saargemünd.	Saargemünd.
Geberschweier	*Guéberschwihr*	Ober-Elsass.	Gebweiler.	Rufach.
Gebesdorf	*Guébestroff.*	Lothringen.	Château-Salins.	Dieuze.
Gebling	*Guébling*	Lothringen.	Château-Salins.	Dieuze.
Geblingen	*Guéblange*	Lothringen.	Forbach.	Saaralben.
Gebweiler	*Guebwiller*	Ober-Elsass.	Gebweiler.	Gebweiler.
Gehnkirchen	*Guinkirchen*	Lothringen.	Bolchen.	Bolchen.
Geinslingen	*Guinzeling*	Lothringen.	Château-Salins.	Albesdorf.
Geishausen		Ober-Elsass.	Thann.	St Amarin.
Geispitzen		Ober-Elsass.	Mülhausen.	Landser.
Geispolsheim		Unter-Elsass.	Erstein.	Geispolsheim.
Geistkirch	*Juvelise*	Lothringen.	Château-Salins.	Vic.
Geiswasser		Ober-Elsass.	Colmar.	Neubreisach.
Geisweiler	*Geiswiller*	Unter-Elsass.	Strassburg.	Hochfelden.
Gelmingen	*Gommelange*	Lothringen.	Bolchen.	Bolchen.
Gemar	*Guémar*	Ober-Elsass.	Rappoltsweiler.	Rappoltsweiler.
Genesdorf	*Guénestroff.*	Lothringen.	Château-Salins.	Dieuze.
Genweiler	*Gueuwiller*	Lothringen.	Forbach.	St Avold.
Gerbécourt		Lothringen.	Château-Salins.	Château-Salins.
Gereuth (Krüt)		Unter-Elsass.	Schlettstadt.	Weiler.
Germingen	*Guermange*	Lothringen.	Saarburg.	Rixingen.
Gerstheim	*Gerstheim-im-Loch*	Unter-Elsass.	Erstein.	Erstein.
Gerstlingen	*Guerstling*	Lothringen.	Bolchen.	Busendorf.
Gertingen	*Guerting*	Lothringen.	Bolchen.	Bolchen.
Gertweiler	*Gertwiller*	Unter-Elsass.	Schlettstadt.	Barr.
Gesslingen	*Guessling.*	Lothringen.	Forbach.	Grosstänchen.
Geudertheim		Unter-Elsass.	Strassburg.	Brumath.
Gevenatten	*Guevenatten*	Ober-Elsass.	Altkirch.	Dammerkirch.
Gewenheim	*Guewenheim*	Ober-Elsass.	Thann.	Thann.
Gildweiler	*Gildwiller*	Ober-Elsass.	Altkirch.	Dammerkirch.
Gimbrett		Unter-Elsass.	Strassburg.	Truchtersheim.
Gingsheim		Unter-Elsass.	Strassburg.	Hochfelden.
Girlingen	*Guirlange*	Lothringen.	Bolchen.	Bolchen.
Gisselfingen	*Gélucourt*	Lothringen.	Château-Salins.	Dieuze.
Givrycourt		Lothringen.	Château-Salins.	Albesdorf.
Glatigny	*Glatigny.*	Lothringen.	Metz.	Vigy.
Görlingen	*Gœrlingen*	Unter-Elsass.	Zabern.	Drulingen.
Görsdorf	*Gœrsdorf*	Unter-Elsass.	Weissenburg.	Wörth.
Götzenbruck	*Gœtzenbruck*	Lothringen.	Saargemünd.	Bitsch.
Goin		Lothringen.	Metz.	Verny.
Goldbach		Ober-Elsass.	Thann.	St Amarin.
Gommersdorf		Ober-Elsass.	Altkirch.	Dammerkirch.
Gondrexange		Lothringen.	Saarburg.	Rixingen.
Gorze		Lothringen.	Metz.	Gorze.
Gosselmingen	*Gosselming.*	Lothringen.	Saarburg.	Finstingen.
Gottenhausen		Unter-Elsass.	Zabern.	Maursmünster.
Gottesheim		Unter-Elsass.	Zabern.	Zabern.
Gottesthal	*Valdieu*	Ober-Elsass.	Altkirch.	Dammerkirch.
Goxweiler	*Goxwiller*	Unter-Elsass.	Erstein.	Oberehnheim.
Grandfontaine	*Grand-Fontaine.*	Unter-Elsass.	Molsheim.	Schirmeck.
Grassendorf	*Grassendorff*	Unter-Elsass.	Strassburg.	Hochfelden.
Gravelotte		Lothringen.	Metz.	Gorze.
Grémecey		Lothringen.	Château-Salins.	Château-Salins.
Grendelbruch		Unter-Elsass.	Molsheim.	Rosheim.

LOCALITÉS — NOM FRANÇAIS	LOCALITÉS — NOM DIFFÉRENT en allemand	DÉPARTEMENT	ARRONDISSEMENT	CANTON
uéberschwihr	*Geberschweier*	Haut-Rhin.	Colmar.	Rouffach.
uébestroff	*Gebesdorf*	Meurthe.	Château-Salins.	Dieuze.
uéblange	*Güblingen*	Meurthe.	Château-Salins.	Dieuze.
uéblange	*Geblingen*	Moselle.	Sarreguemines.	Sarralbe.
uébling	*Gebling*	Meurthe.	Château-Salins.	Dieuze.
uebwiller	*Gebweiler*	Haut-Rhin.	Colmar.	Guebwiller.
uémar	*Gemar*	Haut-Rhin.	Colmar.	Ribeauvillé.
uénange	*Niedergininge*n	Moselle.	Thionville.	Metzerwisse.
uénestroff	*Genesdorf*	Meurthe.	Château-Salins.	Dieuze.
uermange	*Germingen*	Meurthe.	Sarrebourg.	Réchicourt.
uerstling	*Gerstlingen*	Moselle.	Thionville.	Bouzonville.
uerswiller		Moselle.	Sarreguemines.	St-Avold.
uerting	*Gerlingen*	Moselle.	Metz.	Boulay.
uessling	*Gesslingen*	Moselle.	Sarreguemines.	Gros-Tenquin.
ieuwiller	*Genweiler*	Moselle.	Sarreguemines.	St-Avold.
uevenatten	*Gevenatten*	Haut-Rhin.	Belfort.	Dannemarie.
uewenheim	*Gewenheim*	Haut-Rhin.	Belfort.	Thann.
uinglange	*Gänglingen*	Moselle.	Metz.	Faulquemont.
uinkirchen	*Gehnkirchen*	Moselle.	Metz.	Boulay.
uinzeling	*Geinslingen*	Meurthe.	Château-Salins.	Albestroff.
uirlange	*Girlingen*	Moselle.	Metz.	Boulay.
imbrechtshoffen (Nieder)	*Gumbrechtshofen—Niederbronn*	Bas-Rhin.	Wissembourg.	Niederbronn.
umbrechtshoffen (Ober)	*Gumbrechtshofen—Oberbronn*	Bas-Rhin.	Wissembourg.	Niederbronn.
undershoffen	*Gundershofen*	Bas-Rhin.	Wissembourg.	Niederbronn.
undolsheim		Haut-Rhin.	Colmar.	Rouffach.
ungwiller	*Gangweiler*	Bas-Rhin.	Saverne.	Drulingen.
unsbach	*Günsbach*	Haut-Rhin.	Colmar.	Munster.
unstett		Bas-Rhin.	Wissembourg.	Wœrth.
intzwiller	*Gunzweiler*	Meurthe.	Sarrebourg.	Phalsbourg.

H

LOCALITÉS — NOM FRANÇAIS	LOCALITÉS — NOM DIFFÉRENT en allemand	DÉPARTEMENT	ARRONDISSEMENT	CANTON
abondange	*Habudingen*	Meurthe.	Château-Salins.	Château-Salins.
absheim		Haut-Rhin.	Mulhouse.	Habsheim.
ægen	*Hägen*	Bas-Rhin.	Saverne.	Marmoutier.
agen		Moselle.	Thionville.	Cattenom.
agenbach		Haut-Rhin.	Belfort.	Dannemarie.
agenthal-le-Bas	*Niederhagenthal*	Haut-Rhin.	Mulhouse.	Huningue.
agenthal-le-Haut	*Oberhagenthal*	Haut-Rhin.	Mulhouse.	Huningue.
agondange	*Hagendingen*	Moselle.	Metz.	Metz.
aguenau	*Hagenau*	Bas-Rhin.	Strasbourg.	Haguenau.
allering	*Halleringen*	Moselle.	Metz.	Faulquemont.
alling	*Hallingen*	Moselle.	Metz.	Boulay.
am (Basse et Haute-)	*Niederham*	Moselle.	Thionville.	Metzerwisse.
am-sous-Varsberg	*Ham unter Varsberg*	Moselle.	Metz.	Boulay.
ambach		Moselle.	Sarreguemines.	Volmunster.
ambach	*Waldhambach*	Bas-Rhin.	Saverne.	Drulingen.
ampont		Meurthe.	Château-Salins.	Château-Salins.
an-sur-Nied	*Han an der Nied*	Moselle.	Metz.	Faulquemont.
andschuheim	*Handschuhheim*	Bas-Rhin.	Strasbourg.	Truchtersheim.

LOCALITÉS		BEZIRK (DÉPARTEMENT)	KREIS (CERCLE)	KANTON (CANTON)
NOM ALLEMAND	NOM DIFFÉRENT en français			
Greningen	*Grening*	Lothringen.	Forbach.	Grosstänchen.
Grenzingen	*Grentzingen* . . .	Ober-Elsass.	Altkirch.	Hirsingen.
Gressweiler	*Gresswiller*. . . .	Unter-Elsass.	Molsheim.	Molsheim.
Gries	. . . .	Unter-Elsass.	Strassburg.	Brumath.
Griesbach	. . . .	Unter-Elsass.	Zabern.	Buchsweiler.
Griesbach	. . . .	Ober-Elsass.	Colmar.	Münster.
Griesbach	. . . .	Unter-Elsass.	Hagenau.	Niederbronn.
Griesheim	. . . .	Unter-Elsass.	Molsheim.	Rosheim.
Griesheim	. . . .	Unter-Elsass.	Strassburg.	Truchtersheim.
Grindorf	*Grindorff*.	Lothringen.	Diedenhofen.	Sierck.
Grossblittersdorf . .	*Gros-Bliderstroff* .	Lothringen.	Saargemünd.	Saargemünd.
Gross-Hettingen . .	*Hettange-la-Gde*. .	Lothringen.	Diedenhofen.	Kattenhofen.
Gross-Moyeuvre . .	*Moyeuvre-la-Gde* .	Lothringen.	Diedenhofen.	Diedenhofen.
Gross-Rederchingen.	*Gros-Réderching* .	Lothringen.	Saargemünd.	Rohrbach.
Grosstänchen	*Gros-Tenquin*. . .	Lothringen.	Forbach.	Grosstänchen.
Grube	*Fouchy*.	Unter-Elsass.	Schlettstadt.	Weiler.
Grundweiler	*Grundwiller* . . .	Lothringen.	Saargemünd.	Saargemünd.
Grussenheim	. . . .	Ober-Elsass.	Colmar.	Andolsheim.
Güblingen	*Guéblange*	Lothringen.	Château-Salins.	Dieuze.
G[illegible]ach	*Gunsbach*.	Ober-Elsass.	Colmar.	Münster.
G[illegible]heim	*Gougenheim* . . .	Unter-Elsass.	Strassburg.	Truchtersheim.
Gumbrechtshofen-Niederbronn . . .	*Gumbrechtshoffen (Nieder)*	Unter-Elsass.	Hagenau.	Niederbronn.
Gumbrechtshofen-Oberbronn	*Gumbrechtshoffen (Ober)*.	Unter-Elsass.	Hagenau.	Niederbronn.
Gundershofen	*Gundershoffen* . .	Unter-Elsass.	Hagenau.	Niederbronn.
Gundolsheim	. . . .	Ober-Elsass.	Gebweiler.	Rufach.
Gungweiler	*Gungwiller*. . . .	Unter-Elsass.	Zabern.	Drulingen.
Gunstett	. . . .	Unter-Elsass.	Weissenburg.	Wörth.
Gunzweiler	*Guntzwiller*. . . .	Lothringen.	Saarburg.	Pfalzburg.

H

Haarberg	*Harreberg*	Lothringen.	Saarburg.	Saarburg.
Habsheim	. . . .	Ober-Elsass.	Mülhausen.	Habsheim.
Habudingen	*Haboudange* . . .	Lothringen.	Château-Salins.	Château-Salins.
Hägen	*Hægen*.	Unter-Elsass.	Zabern.	Maursmünster.
Häsingen	*Hésingue*.	Ober-Elsass.	Mülhausen.	Hüningen.
Häusern	*Husseren*.	Ober-Elsass.	Colmar.	Winzenheim.
Hagen	. . . .	Lothringen.	Diedenhofen.	Kattenhofen.
Hagenau	*Haguenau*	Unter-Elsass.	Hagenau.	Hagenau.
Hagenbach	. . . .	Ober-Elsass.	Altkirch.	Dammerkirch.
Hagendingen	*Hagondange* . . .	Lothringen.	Metz.	Metz.
Haie-des-Allemands.	*Haye-des-Allemands (La)*. . .	Lothringen.	Saarburg.	Rixingen.
Haiss	*Haye*	Lothringen.	Metz.	Vigy.
Halleringen	*Hallering*	Lothringen.	Bolchen.	Falkenberg.
Hallingen	*Halling*	Lothringen.	Bolchen.	Bolchen.
Hambach	. . . .	Lothringen.	Saargemünd.	Saargemünd.
Hampont	. . . .	Lothringen.	Château-Salins.	Château-Salins.
Ham unter Varsberg	*Ham-sous-Varsberg*.	Lothringen.	Bolchen.	Bolchen.

LOCALITÉS		DÉPARTEMENT	ARRONDISSEMENT	CANTON
NOM FRANÇAIS	NOM DIFFÉRENT en allemand			
Hangenbieten		Bas-Rhin.	Strasbourg.	Schiltigheim.
Hangwiller	*Hangweiler*	Meurthe.	Sarrebourg.	Phalsbourg.
Hannocourt		Meurthe.	Château-Salins.	Delme.
Hanwiller	*Hanweiler*	Moselle.	Sarreguemines.	Bitche.
Haraucourt-sur-Seille	*Harraucourt an der Seille*	Meurthe.	Château-Salins.	Château-Salins.
Hargarten-aux-Mines	*Hargarten*	Moselle.	Thionville.	Bouzonville.
Harprich		Moselle.	Sarreguemines.	Gros-Tenquin.
Harreberg	*Haarberg*	Meurthe.	Sarrebourg.	Sarrebourg.
Harskirchen		Bas-Rhin.	Saverne.	Saar-Union.
Hartmannswiller	*Hartmannsweiler*	Haut-Rhin.	Colmar.	Soultz.
Hartzwiller	*Harzweiler*	Meurthe.	Sarrebourg.	Sarrebourg.
Haspelscheidt	*Haspelscheid*	Moselle.	Sarreguemines.	Bitche.
Hatten		Bas-Rhin.	Wissembourg.	Soultz-sous-Forêts.
Hattigny		Meurthe.	Sarrebourg.	Lorquin.
Hattmatt		Bas-Rhin.	Saverne.	Saverne.
Hattstatt		Haut-Rhin.	Colmar.	Rouffach.
Hauconcourt		Moselle.	Metz.	Metz.
Hausgauen		Haut-Rhin.	Mulhouse.	Altkirch.
Haut-Clocher	*Zittersdorf*	Meurthe.	Sarrebourg.	Sarrebourg.
Havange	*Havingen*	Moselle.	Briey.	Audun-le-Roman.
Hayange	*Hayingen*	Moselle.	Thionville.	Thionville.
Haye	*Haiss*	Moselle.	Metz.	Vigy.
Haye-des-Allemands (La)	*Haie-des-Allemands*	Meurthe.	Sarrebourg.	Réchicourt.
Hazelbourg	*Haselburg*	Meurthe.	Sarrebourg.	Phalsbourg.
Hazembourg	*Hassenburg*	Moselle.	Sarreguemines.	Sarralbe.
Hecken		Haut-Rhin.	Belfort.	Dannemarie
Hegeney		Bas-Rhin.	Wissembourg.	Wœrth.
Hegenheim		Haut-Rhin.	Mulhouse.	Huningue.
Heidolsheim		Bas-Rhin.	Schlestadt.	Marckolsheim
Heidwiller	*Heidweiler*	Haut-Rhin.	Mulhouse.	Altkirch.
Heiligenberg		Bas-Rhin.	Strasbourg.	Molsheim.
Heiligensthein	*Heiligenstein*	Bas-Rhin.	Schlestadt.	Barr.
Heimersdorff	*Heimersdorf*	Haut-Rhin.	Mulhouse.	Hirsingen.
Heimsprung	*Heimsbrunn*	Haut-Rhin.	Mulhouse.	Mulhouse.
Heining	*Heiningen*	Moselle.	Thionville.	Bouzonville.
Heiteren		Haut-Rhin.	Colmar.	Neufbrisach.
Helfrantzkirch	*Helfrantskirch*	Haut-Rhin.	Mulhouse.	Landser.
Hellering	*Helleringen*	Meurthe.	Sarrebourg.	Fénétrange.
Hellimer		Moselle.	Sarreguemines.	Gros-Tenquin
Hellocourt		Meurthe.	Château-Salins.	Vic.
Helstroff	*Helsdorf*	Moselle.	Metz.	Boulay.
Hémilly	*Hemilly*	Moselle.	Metz.	Faulquemont.
Héming	*Heming*	Meurthe.	Sarrebourg.	Lorquin.
Henflingen		Haut-Rhin.	Mulhouse.	Hirsingen.
Hengwiller	*Hengweiler*	Bas-Rhin.	Saverne.	Marmoutier.
Henridorff	*Heinrichsdorf*	Meurthe.	Sarrebourg.	Phalsbourg.
Henriville	*Herrchweiler*	Moselle.	Sarreguemines.	St-Avold.
Hérange	*Heringen*	Meurthe.	Sarrebourg.	Phalsbourg.
Herbitzheim		Bas-Rhin.	Saverne.	Saar-Union.
Herbsheim		Bas-Rhin.	Schlestadt.	Benfeld.
Hermelange	*Hermelingen*	Meurthe.	Sarrebourg.	Lorquin.

LOCALITÉS		BEZIRK (DÉPARTEMENT)	KREIS (CERCLE)	KANTON (CANTON)
NOM ALLEMAND	NOM DIFFÉRENT en français			
Han an der Nied	*Han-sur-Nied.*	Lothringen.	Bolchen.	Falkenberg.
Handschuhheim	*Handschuheim*	Unter-Elsass.	Strassburg.	Truchtersheim.
Hangenbieten		Unter-Elsass.	Strassburg.	Schiltigheim.
Hangweiler	*Hangwiller.*	Lothringen.	Saarburg.	Pfalzburg.
Hannocourt		Lothringen.	Château-Salins.	Delme.
Hanweiler	*Hanwiller*	Lothringen.	Saargemünd.	Bitsch.
Hargarten	*Hargarten-aux-Mines*	Lothringen.	Bolchen.	Busendorf.
Harprich		Lothringen.	Forbach.	Grosstänchen.
Harraucourt an der Seille	*Haraucourt-sur-Seille*	Lothringen.	Château-Salins.	Château-Salins.
Harskirchen		Unter-Elsass.	Zabern.	Saarunion.
Hartmannsweiler	*Hartmannswiller*	Ober-Elsass.	Gebweiler.	Sulz.
Harzweiler	*Hartzwiller*	Lothringen.	Saarburg.	Saarburg.
Haselburg	*Hazelbourg*	Lothringen.	Saarburg.	Pfalzburg.
Haspelscheid	*Haspelscheidt.*	Lothringen.	Saargemünd.	Bitsch.
Hassenburg	*Hazembourg*	Lothringen.	Forbach.	Saaralben.
Hatten		Unter-Elsass.	Weissenburg.	Sulz unterm Wald.
Hattigny		Lothringen.	Saarburg.	Lörchingen.
Hattmatt		Unter-Elsass.	Zabern.	Zabern.
Hattstatt		Unter-Elsass.	Gebweiler.	Rufach.
Hauconcourt		Lothringen.	Metz.	Metz.
Hausen	*Houssen*	Ober-Elsass.	Colmar.	Andolsheim.
Hausgauen		Ober-Elsass.	Altkirch.	Altkirch.
Havingen	*Havange.*	Lothringen.	Diedenhofen.	Fentsch.
Hayingen	*Hayange.*	Lothringen.	Diedenhofen.	Diedenhofen.
Hecken		Ober-Elsass.	Altkirch.	Dammerkirch.
Hegeney		Unter-Elsass.	Weissenburg.	Wörth.
Hegenheim		Ober-Elsass.	Mülhausen.	Hüningen.
Heidolsheim		Unter-Elsass.	Schlettstadt.	Markolsheim.
Heidweiler	*Heidwiller*	Ober-Elsass.	Altkirch.	Altkirch.
Heiligenberg		Unter-Elsass.	Molsheim.	Molsheim.
Heiligenstein	*Heiligensthein*	Unter-Elsass.	Schlettstadt.	Barr.
Heilig-Kreuz	*Sainte-Croix-en-Plaine*	Ober-Elsass.	Colmar.	Colmar.
Heimersdorf	*Heimersdorff.*	Ober-Elsass.	Altkirch.	Hirsingen.
Heimsbrunn	*Heimsprung*	Ober-Elsass.	Mülhausen.	Mülhausen-Süd.
Heiningen	*Heining*	Lothringen.	Bolchen.	Busendorf.
Heinkingen	*Hinckange*	Lothringen.	Bolchen.	Bolchen.
Heinrichsdorf	*Henridorff*	Lothringen.	Saarburg.	Pfalzburg.
Heiteren		Ober-Elsass.	Colmar.	Neubreisach.
Heiweiler	*Heywiller*	Ober-Elsass.	Altkirch.	Altkirch.
Helfrantskirch	*Helfrantzkirch*	Ober-Elsass.	Mülhausen.	Landser
Helleringen	*Hellering.*	Lothringen.	Saarburg.	Finstingen.
Hellimer		Lothringen.	Forbach.	Grosstänchen.
Helsdorf	*Helstroff.*	Lothringen.	Bolchen.	Bolchen.
Hemilly	*Hémilly*	Lothringen.	Bolchen.	Falkenberg.
Heming	*Héming*	Lothringen.	Saarburg.	Lörchingen.
Henflingen		Ober-Elsass.	Altkirch.	Hirsingen.
Hengweiler	*Hengwiller.*	Unter-Elsass.	Zabern.	Maursmünster.
Herbitzheim		Unter-Elsass.	Zabern.	Saarunion.
Herbsheim		Unter-Elsass.	Erstein.	Benfeld.
Heringen	*Hérange*	Lothringen.	Saarburg.	Pfalzburg.

LOCALITÉS		DÉPARTEMENT	ARRONDISSEMENT	CANTON
NOM FRANÇAIS	NOM DIFFÉRENT en allemand			
Hermerswiller	*Hermersweiler*	Bas-Rhin.	Wissembourg.	Soultz-sous-Forêts.
Herny		Moselle.	Metz.	Faulquemont.
Herrlisheim	*Herlisheim*	Bas-Rhin.	Strasbourg.	Bischwiller.
Herrlisheim	*Herlisheim*	Haut-Rhin.	Colmar.	Wintzenheim.
Hertzing	*Herzing*	Meurthe.	Sarrebourg.	Réchicourt.
Hésingue	*Häsingen*	Haut-Rhin.	Mulhouse.	Huningue.
Hesse	*Hessen*	Meurthe.	Sarrebourg.	Sarrebourg.
Hessenheim		Bas-Rhin.	Schlestadt.	Marckolsheim.
Hestroff	*Hessdorf*	Moselle.	Thionville.	Bouzonville.
Hettange-la-Grande	*Gross-Hettingen*	Moselle.	Thionville.	Cattenom.
Hettenschlag		Haut-Rhin.	Colmar.	Neufbrisach.
Heywiller	*Heiweiler*	Haut-Rhin.	Mulhouse.	Altkirch.
Hilbesheim		Meurthe.	Sarrebourg.	Fénétrange.
Hilsenheim		Haut-Rhin.	Schlestadt.	Marckolsheim.
Hilsprich		Moselle.	Sarreguemines.	Sarralbe.
Hinckange	*Heinkingen*	Moselle.	Metz.	Boulay.
Hindisheim		Bas-Rhin.	Schlestadt.	Erstein.
Hindlingen		Haut-Rhin.	Mulhouse.	Hirsingen.
Hinsbourg	*Hinsburg*	Bas-Rhin.	Saverne.	La Petite-Pierre.
Hinsingen		Bas-Rhin.	Saverne.	Saar-Union.
Hipsheim		Bas-Rhin.	Schlestadt.	Erstein.
Hirschland		Bas-Rhin.	Saverne.	Drulingen.
Hirsingen		Haut-Rhin.	Mulhouse.	Hirsingen.
Hirtzbach	*Hirzbach*	Haut-Rhin.	Mulhouse.	Hirsingen.
Hirtzfelden	*Hirzfelden*	Haut-Rhin.	Colmar.	Ensisheim.
Hochfelden		Bas-Rhin.	Saverne.	Hochfelden.
Hochstatt		Haut-Rhin.	Mulhouse.	Altkirch.
Hochstett		Bas-Rhin.	Strasbourg.	Haguenau.
Hœnheim	*Hönheim*	Bas-Rhin.	Strasbourg.	Schiltigheim.
Hœrdt	*Hördt*	Bas-Rhin.	Strasbourg.	Brumath.
Hoff	*Hof*	Meurthe.	Sarrebourg.	Sarrebourg.
Hoffen	*Hofen*	Bas-Rhin.	Wissembourg.	Soultz-sous-Forêts.
Hohatzenheim		Bas-Rhin.	Saverne.	Hochfelden.
Hohengœfft	*Hohengöft*	Bas-Rhin.	Saverne.	Marmoutier.
Hohfrankenheim		Bas-Rhin.	Saverne.	Hochfelden.
Hohroth	*Hohrod*	Haut-Rhin.	Colmar.	Munster.
Hohwald		Bas-Rhin.	Schlestadt.	Barr.
Hohwiller	*Hohweiler*	Bas-Rhin.	Wissembourg.	Soultz-sous-Forêts.
Holacourt		Moselle.	Metz.	Faulquemont.
Holling	*Hollingen*	Moselle.	Metz.	Boulay.
Holtzheim	*Holzheim*	Bas-Rhin.	Strasbourg.	Geispolsheim.
Holtzwihr	*Holzweier*	Haut-Rhin.	Colmar.	Andolsheim.
Holving	*Holvingen*	Moselle.	Sarreguemines.	Sarralbe.
Hombourg	*Homburg*	Haut-Rhin.	Mulhouse.	Habsheim.
Hombourg-Haut *ou* **l'Évêque**	*Oberhomburg*	Moselle.	Sarreguemines.	St-Avold.
Hombourg-sur-Kaner	*Homburg-Kedingen*	Moselle.	Thionville.	Metzerwisse.
Hommarting	*Hommartingen*	Meurthe.	Sarrebourg.	Sarrebourg.
Hommert		Meurthe.	Sarrebourg.	Sarrebourg.
Hôpital (L')	*Spittel*	Moselle.	Sarreguemines.	St-Avold.
Horbourg	*Horburg*	Haut-Rhin.	Colmar.	Andolsheim.
Host (Bas et Haut-)	*Oberhost*	Moselle.	Sarreguemines.	St-Avold.

LOCALITÉS		BEZIRK (DÉPARTEMENT)	KREIS (CERCLE)	KANTON (CANTON)
NOM ALLEMAND	NOM DIFFÉRENT en français			
Herlingen		Lothringen.	Bolchen.	Falkenberg.
Herlisheim	*Herrlisheim*	Unter-Elsass.	Hagenau.	Bischweiler.
Herlisheim	*Herrlisheim*	Ober-Elsass.	Colmar.	Winzenheim.
Hermelingen	*Hermelange*	Lothringen.	Saarburg.	Lörchingen.
Hermersweiler	*Hermerswiller*	Unter-Elsass.	Weissenburg.	Sulz unterm Wald.
Herrchweiler	*Henriville*	Lothringen.	Forbach.	St Avold.
Herzing	*Hertzing*	Lothringen.	Saarburg.	Rixingen.
Hessdorf	*Hestroff*	Lothringen.	Bolchen.	Busendorf.
Hessen	*Hesse*	Lothringen.	Saarburg.	Saarburg.
Hessenheim		Unter-Elsass.	Schlettstadt.	Markolsheim.
Hettenschlag		Ober-Elsass.	Colmar.	Neubreisach.
Hilbesheim		Lothringen.	Saarburg.	Finstingen.
Hilsenheim		Unter-Elsass.	Schlettstadt.	Markolsheim.
Hilsprich		Lothringen.	Forbach.	Saaralben.
Hindisheim		Unter-Elsass.	Erstein.	Erstein.
Hindlingen		Ober-Elsass.	Altkirch.	Hirsingen.
Hinsburg	*Hinsbourg*	Unter-Elsass.	Zabern.	Lützelstein.
Hinsingen		Unter-Elsass.	Zabern.	Saarunion.
Hipsheim		Unter-Elsass.	Erstein.	Erstein.
Hirschland		Unter-Elsass.	Zabern.	Drulingen.
Hirsingen		Ober-Elsass.	Altkirch.	Hirsingen.
Hirzbach	*Hirtzbach*	Ober-Elsass.	Altkirch.	Hirsingen.
Hirzfelden	*Hirtzfelden*	Ober-Elsass.	Gebweiler.	Ensisheim.
Hochfelden		Unter-Elsass.	Strassburg.	Hochfelden.
Hochstatt		Ober-Elsass.	Altkirch.	Altkirch.
Hochstett		Unter-Elsass.	Hagenau.	Hagenau.
Hochwalsch	*Plaine-de-Valsch*	Lothringen.	Saarburg.	Saarburg.
Hönheim	*Hœnheim*	Unter-Elsass.	Strassburg.	Schiltigheim.
Hördt	*Hœrdt*	Unter-Elsass.	Strassburg.	Brumath.
Hof	*Hoff*	Lothringen.	Saarburg.	Saarburg.
Hofen	*Hoffen*	Unter-Elsass.	Weissenburg.	Sulz unterm Wald.
Hohatzenheim		Unter-Elsass.	Strassburg.	Hochfelden.
Hohengöft	*Hohengœfft*	Unter-Elsass.	Zabern.	Maursmünster.
Hohfrankenheim		Unter-Elsass.	Strassburg.	Hochfelden.
Hohrod	*Hohroth*	Ober-Elsass.	Colmar.	Münster.
Hohwald		Unter-Elsass.	Schlettstadt.	Barr.
Hohweiler	*Hohwiller*	Unter-Elsass.	Weissenburg.	Sulz unterm Wald.
Holacourt		Lothringen.	Bolchen.	Falkenberg.
Hollingen	*Holling*	Lothringen.	Bolchen.	Bolchen.
Holvingen	*Holving*	Lothringen.	Forbach.	Saaralben.
Holzheim	*Holtzheim*	Unter-Elsass.	Erstein.	Geispolsheim.
Holzweier	*Holtzwihr*	Ober-Elsass.	Colmar.	Andolsheim.
Homburg	*Hombourg*	Ober-Elsass.	Mülhausen.	Habsheim.
Homburg-Kedingen	*Hombourg-sur-Kaner*	Lothringen.	Diedenhofen.	Metzerwiese.
Hommartingen	*Hommarting*	Lothringen.	Saarburg.	Saarburg.
Hommert		Lothringen.	Saarburg.	Saarburg.
Horburg	*Horbourg*	Ober-Elsass.	Colmar.	Andolsheim.
Hottweiler	*Hottwiller*	Lothringen.	Saargemünd.	Wolmünster.
Hültenhausen		Lothringen.	Saarburg.	Pfalzburg.
Hüningen	*Huningue*	Ober-Elsass.	Mülhausen.	Hüningen.
Hüntingen	*Hunting*	Lothringen.	Diedenhofen.	Sierck.
Hürtigheim	*Hurtigheim*	Unter-Elsass.	Strassburg.	Truchtersheim.

LOCALITÉS		DÉPARTEMENT	ARRONDISSEMENT	CANTON
NOM FRANÇAIS	NOM DIFFÉRENT en allemand			
Hottwiller	*Hottweiler*	Moselle.	Sarreguemines.	Volmunster.
Houssen	*Hausen.*	Haut-Rhin.	Colmar.	Andolsheim.
Hultenhausen.		Meurthe.	Sarrebourg.	Phalsbourg.
Hunawihr	*Hunaweier.*	Haut-Rhin.	Colmar.	Ribeauvillé.
Hundling.	*Handlingen.*	Moselle.	Sarreguemines.	Sarreguemines.
Hundsbach		Haut-Rhin.	Mulhouse.	Altkirch.
Huningue.	*Hüningen.*	Haut-Rhin.	Mulhouse.	Huningue.
Hunskirich	*Hunkirch.*	Meurthe.	Château-Salins.	Albestroff.
Hunspach.		Bas-Rhin.	Wissembourg.	Soultz-sous-Forêts.
Hunting	*Hüntingen*	Moselle.	Thionville.	Sierck.
Hurtigheim.	*Hürtigheim.*	Bas-Rhin.	Strasbourg.	Truchtersheim.
Husseren.	*Hüsseren-Wesserling*	Haut-Rhin.	Belfort.	St-Amarin.
Husseren.	*Haüsern*	Haut-Rhin.	Colmar.	Wintzenheim.
Huttendorff.	*Hüttendorf.*	Bas-Rhin.	Strasbourg.	Haguenau.
Huttenheim.		Bas-Rhin.	Schlestadt.	Benfeld.

I

Ibigny		Meurthe.	Sarrebourg.	Réchicourt.
Ichtratzheim		Bas-Rhin.	Strasbourg.	Geispolsheim.
Illange.	*Illingen*	Moselle.	Thionville.	Metzerwisse.
Illfurth.	*Illfurt*	Haut-Rhin.	Mulhouse.	Altkirch.
Illhauseren.	*Illhäusern*	Haut-Rhin.	Colmar.	Ribeauvillé.
Illkirch.	*Illkirch-Grafenstaden*	Bas-Rhin.	Strasbourg.	Geispolsheim.
Illzach.		Haut-Rhin.	Mulhouse.	Habsheim.
Imbsheim.		Bas-Rhin.	Saverne.	Bouxwiller.
Imling.	*Imlingen.*	Meurthe.	Sarrebourg.	Sarrebourg.
Ingenheim		Bas-Rhin.	Saverne.	Hochfelden.
Ingersheim.		Haut-Rhin.	Colmar.	Kaysersberg.
Inglange.	*Inglingen.*	Moselle.	Thionville.	Metzerwisse.
Ingolsheim.		Bas-Rhin.	Wissembourg.	Soultz-sous-Forêts.
Ingwiller.	*Ingweiler.*	Bas-Rhin.	Saverne.	Bouxwiller.
Innenheim		Bas-Rhin.	Schlestadt.	Obernai.
Insming	*Insmingen*	Meurthe.	Château-Salins.	Albestroff.
Inswiller.	*Insweiler.*	Meurthe.	Château-Salins.	Albestroff.
Ippling.	*Iplingen*	Moselle.	Sarreguemines.	Sarreguemines.
Irmstett		Bas-Rhin.	Strasbourg.	Wasselonne.
Issenhausen.		Bas-Rhin.	Saverne.	Hochfelden.
Issenheim	*Isenheim*	Haut-Rhin.	Colmar.	Soultz.
Ittenheim.		Bas-Rhin.	Strasbourg.	Schiltigheim.
Itterswiller.	*Ittersweiler.*	Bas-Rhin.	Schlestadt.	Barr.
Ittlenheim		Bas-Rhin.	Strasbourg.	Truchtersheim.
Iungholtz.	*Jungholz.*	Haut-Rhin.	Guebwiller.	Soultz.

J

Jallaucourt.		Meurthe.	Château-Salins.	Delme.
Jebsheim.		Haut-Rhin.	Colmar.	Andolsheim.
Jetterswiller	*Jettersweiler*	Bas-Rhin.	Saverne.	Marmoutier.
Jettingen.		Haut-Rhin.	Mulhouse.	Altkirch.
Jouy-aux-Arches.		Moselle.	Metz.	Gorze.

LOCALITÉS — NOM ALLEMAND	NOM DIFFÉRENT en français	BEZIRK (DÉPARTEMENT)	KREIS (CERCLE)	KANTON (CANTON)
Hüsseren-Wesserling	*Husseren*	Ober-Elsass.	Thann.	St Amarin.
Hüttendorf	*Huttendorff*	Unter-Elsass.	Hagenau.	Hagenau.
Hüttenheim		Unter-Elsass.	Erstein.	Benfeld.
Hunaweier	*Hunawihr*	Ober-Elsass.	Rappoltsweiler.	Rappoltsweiler.
Hundlingen	*Hundling*	Lothringen.	Saargemünd.	Saargemünd.
Hundsbach		Ober-Elsass.	Altkirch.	Altkirch.
Hunkirch	*Hunskirich*	Lothringen.	Château-Salins.	Albesdorf.
Hunspach		Unter-Elsass.	Weissenburg.	Sulz unterm Wald.

I

NOM ALLEMAND	NOM DIFFÉRENT en français	BEZIRK	KREIS	KANTON
Ibigny		Lothringen.	Saarburg.	Rixingen.
Ichtratzheim		Unter-Elsass.	Erstein.	Geispolsheim.
Illfurt	*Illfurth*	Ober-Elsass.	Altkirch.	Altkirch.
Illhäusern	*Illhauseren*	Ober-Elsass.	Rappoltsweiler.	Rappoltsweiler.
Illingen	*Illange*	Lothringen.	Diedenhofen.	Metzerwiese.
Illkirch-Grafenstaden	*Illkirch*	Unter-Elsass.	Erstein.	Geispolsheim.
Illzach		Ober-Elsass.	Mülhausen.	Habsheim.
Imbsheim		Unter-Elsass.	Zabern.	Buchsweiler.
Imlingen	*Imling*	Lothringen.	Saarburg.	Saarburg.
Ingenheim		Unter-Elsass.	Strassburg.	Hochfelden.
Ingersheim		Ober-Elsass.	Rappoltsweiler.	Kaysersberg.
Inglingen	*Inglange*	Lothringen.	Diedenhofen.	Metzerwiese.
Ingolsheim		Unter-Elsass.	Weissenburg.	Sulz unterm Wald.
Ingweiler	*Ingwiller*	Unter-Elsass.	Zabern.	Buchsweiler.
Innenheim		Unter-Elsass.	Erstein.	Oberehnheim.
Insmingen	*Insming*	Lothringen.	Château-Salins.	Albesdorf.
Insweiler	*Inswiller*	Lothringen.	Château-Salins.	Albesdorf.
Iplingen	*Ippling*	Lothringen.	Saargemünd.	Saargemünd.
Irmstett		Unter-Elsass.	Molsheim.	Wasselnheim.
Isenheim	*Issenheim*	Ober-Elsass.	Gebweiler.	Sulz.
Issenhausen		Unter-Elsass.	Strassburg.	Hochfelden.
Ittenheim		Unter-Elsass.	Strassburg.	Schiltigheim.
Ittersweiler	*Itterswiller*	Unter-Elsass.	Schlettstadt.	Barr.
Ittlenheim		Unter-Elsass.	Strassburg.	Truchtersheim.

J

NOM ALLEMAND	NOM DIFFÉRENT en français	BEZIRK	KREIS	KANTON
Jallaucourt		Lothringen.	Château-Salins.	Delme.
Jebsheim		Ober-Elsass.	Colmar.	Andolsheim.
Jettersweiler	*Jetterswiller*	Unter-Elsass.	Zabern.	Maursmünster.
Jettingen		Ober-Elsass.	Altkirch.	Altkirch.
Johanns-Rohrbach	*St-Jean-Rorbach*	Lothringen.	Forbach.	Saaralben.

LOCALITÉS — NOM FRANÇAIS	LOCALITÉS — NOM DIFFÉRENT en allemand	DÉPARTEMENT	ARRONDISSEMENT	CANTON
Jury		Moselle.	Metz.	Verny.
Jussy		Moselle.	Metz.	Gorze.
Juvelise	*Geistkirch*	Meurthe.	Château-Salins.	Vic.
Juville		Meurthe.	Château-Salins.	Delme.

K

NOM FRANÇAIS	NOM DIFFÉRENT en allemand	DÉPARTEMENT	ARRONDISSEMENT	CANTON
Kalhausen		Moselle.	Sarreguemines.	Rorbach.
Kaltenhausen		Bas-Rhin.	Strasbourg.	Haguenau.
Kanfen		Moselle.	Thionville.	Cattenom.
Kappelen	*Kappeln*	Haut-Rhin.	Mulhouse.	Landser.
Kappelkinger		Moselle.	Sarreguemines.	Sarralbe.
Katzenthal		Haut-Rhin.	Colmar.	Kaysersberg.
Kauffenheim		Bas-Rhin.	Strasbourg.	Bischwiller.
Kaysersberg		Haut-Rhin.	Colmar.	Kaysersberg.
Keffenach		Bas-Rhin.	Wissembourg.	Soultz-sous-Forêts.
Kembs		Haut-Rhin.	Mulhouse.	Habsheim.
Kemplich		Moselle.	Thionville.	Metzerwisse.
Kerbach		Moselle.	Sarreguemines.	Forbach.
Kerling-lès-Sierck	*Kerlingen*	Moselle.	Thionville.	Metzerwisse.
Kerprich-aux-Bois	*Kirchberg am Wald*	Meurthe.	Sarrebourg.	Sarrebourg.
Kerprich lès-Dieuze	*Kerprich bei Dieuze*	Meurthe.	Château-Salins.	Dieuze.
Kertzfeld	*Kerzfeld*	Bas-Rhin.	Schlestadt.	Benfeld.
Keskastel		Bas-Rhin.	Saverne.	Saar-Union.
Kesseldorf		Bas-Rhin.	Wissembourg.	Seltz.
Kestlach (*Voir* Kœstlach).				
Kienheim		Bas-Rhin.	Strasbourg.	Truchtersheim.
Kientzheim	*Kienzheim*	Haut-Rhin.	Colmar.	Kaysersberg.
Kiffis		Haut-Rhin.	Mulhouse.	Ferrette.
Kilstett		Bas-Rhin.	Strasbourg.	Brumath.
Kindwiller	*Kindweiler*	Bas-Rhin.	Wissembourg.	Niederbronn.
Kingersheim		Haut-Rhin.	Mulhouse.	Mulhouse.
Kintzheim	*Kinzheim*	Bas-Rhin.	Schlestadt.	Schlestadt.
Kirchberg		Haut-Rhin.	Belfort.	Massevaux.
Kirchheim		Bas-Rhin.	Strasbourg.	Wasselonne.
Kirrberg	*Kirberg*	Bas-Rhin.	Saverne.	Drulingen.
Kirrwiller	*Kirweiler*	Bas-Rhin.	Saverne.	Bouxwiller.
Kirsch-lès-Sierck	*Kirsch bei Sierck*	Moselle.	Thionville.	Sierck.
Kirschnaumen	*Kirchnaumen*	Moselle.	Thionville.	Sierck.
Kirwiller	*Kirweiler*	Moselle.	Sarreguemines.	Sarralbe.
Kleinfranckenheim	*Kleinfrankenheim*	Bas-Rhin.	Strasbourg.	Truchtersheim.
Kleingœft	*Kleingöft*	Bas-Rhin.	Saverne.	Marmoutier.
Klingenthal		Pays de la Basse-Alsace (1).	Schlestadt.	Rosheim.
Knœringen	*Knöringen*	Haut-Rhin.	Mulhouse.	Huningue.
Knœrsheim	*Knörsheim*	Bas-Rhin.	Saverne.	Marmoutier.
Knutange	*Kneuttingen*	Moselle.	Briey.	Briey.

(1) Comprenant la commune de Bœrsch et ses écarts.

LOCALITÉS — NOM ALLEMAND	LOCALITÉS — NOM DIFFÉRENT en français	BEZIRK (DÉPARTEMENT)	KREIS (CERCLE)	KANTON (CANTON)
Jouy-aux-Arches		Lothringen.	Metz.	Gorze.
Jungholz	*Joungholtz*	Ober-Elsass.	Gebweiler.	Sulz.
Jungmünsterol	*Montreux-Jeune.*	Ober-Elsass.	Altkirch.	Dammerkirch.
Jury		Lothringen.	Metz.	Verny.
Jussy		Lothringen.	Metz.	Gorze.
Juville		Lothringen.	Château-Salins.	Delme.

K

LOCALITÉS — NOM ALLEMAND	LOCALITÉS — NOM DIFFÉRENT en français	BEZIRK (DÉPARTEMENT)	KREIS (CERCLE)	KANTON (CANTON)
Kalhausen		Lothringen.	Sargemünd.	Rohrbach.
Kaltenhausen		Unter-Elsass.	Hagenau.	Hagenau.
Kammern	*La Chambre*	Lothringen.	Forbach.	St Avold.
Kanfen		Lothringen.	Diedenhofen.	Kattenhofen.
Kappelkinger		Lothringen.	Forbach.	Saaralben.
Kappeln	*Kappelen.*	Ober-Elsass.	Mülhausen.	Landser.
Kattenhofen	*Cattenom.*	Lothringen.	Diedenhofen.	Kattenhofen.
Katzenthal		Ober-Elsass.	Rappoltsweiler.	Kaysersberg.
Kauffenheim		Unter-Elsass.	Hagenau.	Bischweiler.
Kaysersberg		Ober-Elsass.	Rappoltsweiler.	Kaysersberg.
Keffenach		Unter-Elsass.	Weissenburg.	Sulz unterm Wald.
Kembs		Ober-Elsass.	Mülhausen.	Landser.
Kemplich		Lothringen.	Diedenhofen.	Metzerwiese.
Kerbach		Lothringen.	Forbach.	Forbach.
Kerlingen	*Kerling-lès-Sierck.*	Lothringen.	Diedenhofen.	Sierck.
Kerprich bei Dieuze	*Kerprich-lès-Dieuze.*	Lothringen.	Château-Salins.	Dieuze.
Kerzfeld	*Kertzfeld.*	Unter-Elsass.	Erstein.	Benfeld.
Keskastel		Unter-Elsass.	Zabern.	Saarunion.
Kesseldorf		Unter-Elsass.	Weissenburg.	Selz.
Kestenholz	*Châtenois*	Unter-Elsass.	Schlettstadt.	Schlettstadt.
Kienheim		Unter-Elsass.	Strassburg.	Truchtersheim.
Kienzheim	*Kientzheim.*	Ober-Elsass.	Rappoltsweiler.	Kaysersberg.
Kiffis		Ober-Elsass.	Altkirch.	Pfirt.
Kilstett		Unter-Elsass.	Strassburg.	Brumath.
Kindweiler	*Kindwiller*	Unter-Elsass.	Hagenau.	Niederbronn.
Kingersheim		Ober-Elsass.	Mülhausen.	Mülhausen-Nord.
Kinzheim	*Kintzheim*	Unter-Elsass.	Schlettstadt.	Schlettstadt.
Kirberg	*Kirrberg.*	Unter-Elsass.	Zabern.	Drulingen.
Kirchberg		Ober-Elsass.	Thann.	Masmünster.
Kirchberg am Wald	*Kerprich-aux-Bois*	Lothringen.	Saarburg.	Saarburg.
Kirchheim		Unter-Elsass.	Molsheim.	Wasselnheim.
Kirchnaumen	*Kirschnaumen*	Lothringen.	Diedenhofen.	Sierck.
Kirsch bei Sierck	*Kirsch-lès-Sierck*	Lothringen.	Diedenhofen.	Sierck.
Kirweiler	*Kirrwiller*	Unter-Elsass.	Zabern.	Buchsweiler.
Kirweiler	*Kirwiller*	Lothringen.	Forbach.	Saaralben.
Kleeburg	*Cléebourg*	Unter-Elsass.	Weissenburg.	Weissenburg.
Klein-Bessingen	*Bezange-la-Petite.*	Lothringen.	Château-Salins.	Vic.
Kleinfrankenheim	*Kleinfranckenheim*	Unter-Elsass.	Strassburg.	Truchtersheim.
Kleingöft	*Kleingœfft*	Unter-Elsass.	Zabern.	Maursmünster.

LOCALITÉS		DÉPARTEMENT	ARRONDISSEMENT	CANTON
NOM FRANÇAIS	NOM DIFFÉRENT en allemand			
Kochersberg		Pays de la Basse-Alsace (1).	Strasbourg.	Truchtersheim.
Kœnigsmacker	*Königsmacher*	Moselle.	Thionville.	Metzerwisse.
Kœstlach	*Köstlach*	Haut-Rhin.	Mulhouse.	Ferrette.
Kœtzingen	*Kötzingen*	Haut-Rhin.	Mulhouse.	Landser.
Kogenheim		Bas-Rhin.	Schlestadt.	Benfeld.
Kolbsheim		Bas-Rhin.	Strasbourg.	Schiltigheim.
Kontz (Basse-)	*Niederkontz*	Moselle.	Thionville.	Cattenom.
Kontz (Haute-)	*Oberkontz*	Moselle.	Thionville.	Cattenom.
Krautergersheim		Bas-Rhin.	Schlestadt.	Obernai.
Krautwiller	*Krautweiler*	Bas-Rhin.	Strasbourg.	Brumath.
Kriegsheim		Bas-Rhin.	Strasbourg.	Brumath.
Kruth *ou* Greith	*Krüt*	Haut-Rhin.	Belfort.	St-Amarin.
Kuenheim	*Känheim*	Haut-Rhin.	Colmar.	Andolsheim.
Kuhlendorf	*Kühlendorf*	Bas-Rhin.	Wissembourg.	Soultz-sous-Forêts.
Kurtzenhausen	*Kurzenhausen*	Bas-Rhin.	Strasbourg.	Brumath.
Kuttolsheim	*Küttolsheim*	Bas-Rhin.	Strasbourg.	Truchtersheim.
Kutzenhausen		Bas-Rhin.	Wissembourg.	Soultz-sous-Forêts.

L

NOM FRANÇAIS	NOM DIFFÉRENT en allemand	DÉPARTEMENT	ARRONDISSEMENT	CANTON
Lafrimbole	*Lascemborn*	Meurthe.	Sarrebourg.	Lorquin.
Lagarde		Meurthe.	Château-Salins.	Vic.
Lalaye	*Laach (Lach)*	Bas-Rhin.	Schlestadt.	Villé.
Lambach		Moselle.	Sarreguemines.	Rorbach.
Lampertheim		Bas-Rhin.	Strasbourg.	Schiltigheim.
Lampertsloch		Bas-Rhin.	Wissembourg.	Wœrth.
Landange	*Landingen*	Meurthe.	Sarrebourg.	Lorquin.
Landersheim		Bas-Rhin.	Saverne.	Marmoutier.
Landonvillers		Moselle.	Metz.	Pange.
Landrefang	*Lauterfangen*	Moselle.	Metz.	Faulquemont.

(1) Comprenant toutes les communes du canton de Truchtersheim.

LOCALITÉS — NOM ALLEMAND	NOM DIFFÉRENT en français	BEZIRK (DÉPARTEMENT)	KREIS (CERCLE)	KANTON (CANTON)
Klein-Landau	*Petit-Landau*	Ober-Elsass	Mülhausen.	Habsheim.
Klein-Moyeuvre	*Moyeuvre-la-Petite*	Lothringen.	Diedenhofen.	Diedenhofen.
Klein-Rederchingen	*Petit-Réderching*	Lothringen.	Saargemünd.	Rohrbach.
Klein-Rosseln	*Petite-Rosselle*	Lothringen.	Forbach.	Forbach.
Kleintänchen	*Petit-Tenquin*	Lothringen.	Forbach.	Grosstänchen.
Klimbach	*Climbach*	Unter-Elsass.	Weissenburg.	Weissenburg.
Klingenthal		Pays de la Basse-Alsace (1).	Molsheim.	Rosheim.
Kneuttingen	*Knutange*	Lothringen.	Diedenhofen.	Fentsch.
Knöringen	*Knoringen*	Ober-Elsass.	Mülhausen.	Hüningen.
Knörsheim	*Knœrsheim*	Unter-Elsass.	Zabern.	Maursmünster.
Kochern	*Cocheren*	Lothringen.	Forbach.	Forbach
Kochersberg		Pays de la Basse-Alsace (2).	Strassburg.	Truchtersheim.
Königsmachern	*Kœnigsmacker*	Lothringen.	Diedenhofen.	Metzerwiese.
Köstlach	*Kœstlach*	Ober-Elsass.	Altkirch.	Pfirt.
Kötzingen	*Kœtzingen*	Ober-Elsass.	Mülhausen.	Landser.
Kogenheim		Unter-Elsass.	Erstein.	Benfeld.
Kolbsheim		Unter-Elsass.	Strassburg.	Schiltigheim.
Kossweiler	*Cosswiller*	Unter-Elsass.	Molsheim.	Wasselnheim.
Krastatt	*Crastatt*	Unter-Elsass.	Zabern.	Maursmünster.
Krautergersheim		Unter-Elsass.	Erstein.	Oberehnheim.
Krautweiler	*Krautwiller*	Unter-Elsass.	Strassburg.	Brumath.
Kreuzwald	*Creutzwald*	Lothringen.	Bolchen.	Busendorf.
Kriechingen	*Créhange*	Lothringen.	Bolchen.	Falkenberg.
Kriegsheim		Unter-Elsass.	Strassburg.	Brumath.
Kröttweiler	*Croettwiller*	Unter-Elsass.	Weissenburg.	Selz.
Krüt	*Kruth ou Greith*	Ober-Elsass.	Thann.	St Amarin.
Kühlendorf	*Kuhlendorf*	Unter-Elsass.	Weissenburg.	Sulz unterm Wald.
Künheim	*Kuenheim*	Ober-Elsass.	Colmar.	Andolsheim.
Küttolsheim	*Kuttolsheim*	Unter-Elsass.	Strassburg.	Truchtersheim.
Kuhmen	*Coume*	Lothringen.	Bolchen.	Bolchen.
Kurzel	*Courcelles-Chaussy*	Lothringen.	Metz.	Pange.
Kurzenhausen	*Kurtzenhausen*	Unter-Elsass.	Strassburg.	Brumath.
Kuttingen	*Cutting*	Lothringen.	Château-Salins.	Dieuze.
Kutzenhausen		Unter-Elsass.	Weissenburg.	Sulz unterm Wald.

L

NOM ALLEMAND	NOM DIFFÉRENT en français	BEZIRK	KREIS	KANTON
Laach (Lach)	*Lalaye*	Unter-Elsass.	Schlettstadt.	Weiler.
Lagarde		Lothringen.	Château-Salins.	Vic.
Lambach		Lothringen.	Saargemünd.	Rohrbach.
Lampertheim		Unter-Elsass.	Strassburg.	Schiltigheim.
Lampertsloch		Unter-Elsass.	Weissenburg.	Wörth.
Landersheim		Unter-Elsass.	Zabern.	Maursmünster.
Landingen	*Landange*	Lothringen.	Saarburg.	Lörchingen.
Landonvillers		Lothringen.	Metz.	Pange.
Landorf	*Landroff*	Lothringen.	Forbach.	Grosstänchen.
Landser		Ober-Elsass.	Mülhausen.	Landser.

(1) Comprenant la commune de Börsch et ses écarts.
(2) Comprenant toutes les communes du canton de Truchtersheim.

LOCALITÉS		DÉPARTEMENT	ARRONDISSEMENT	CANTON
NOM FRANÇAIS	NOM DIFFÉRENT en allemand			
Landroff	*Landorf*	Moselle.	Sarreguemines.	Gros-Tenquin.
Landser		Haut-Rhin.	Mulhouse.	Landser.
Laneuveville-en-Saulnois [*Voir* Neuveville-en-Saulnois (La)].				
Laneuveville-lès-Lorquin [*Voir* Neuveville-lès-Lorquin (La)].				
Langatte	*Langd*	Meurthe.	Sarrebourg.	Sarrebourg.
Langensoultzbach	*Langensulzbach.*	Bas-Rhin.	Wissembourg.	Wœrth.
Languimberg	*Langenberg.*	Meurthe.	Sarrebourg.	Réchicourt.
Laning	*Lanningen*	Moselle.	Sarreguemines.	Gros-Tenquin.
Laquenexy		Moselle.	Metz.	Pange.
Largitzen		Haut-Rhin.	Mulhouse.	Hirsingen.
Laubach		Bas-Rhin.	Wissembourg.	Wœrth.
Laumesfeld		Moselle.	Thionville.	Sierck.
Launstroff	*Launsdorf*	Moselle.	Thionville.	Sierck.
Lautenbach		Haut-Rhin.	Colmar.	Guebwiller.
Lautenbach-Zell		Haut-Rhin.	Colmar.	Guebwiller.
Lauterbourg	*Lauterburg.*	Bas-Rhin.	Wissembourg.	Lauterbourg.
Lauw		Haut-Rhin.	Belfort.	Masseraux.
Leimbach		Haut-Rhin.	Belfort.	Thann.
Leiterswiller	*Leitersweiler*	Bas-Rhin.	Wissembourg.	Soultz.
Lelling	*Lellingen.*	Moselle.	Sarreguemines.	Gros-Tenquin.
Lembach		Bas-Rhin.	Wissembourg.	Wissembourg.
Lemberg		Moselle.	Sarreguemines.	Bitche.
Lémoncourt		Meurthe.	Château-Salins.	Delme.
Lemud		Moselle.	Metz.	Pange.
Lengaelsheim	*Lengelsheim*	Moselle.	Sarreguemines.	Volmunster.
Léning	*Leiningen*	Meurthe.	Château-Salins.	Albestroff.
Lesse		Meurthe.	Château-Salins.	Delme.
Lessy		Moselle.	Metz.	Gorze.
Leutenheim		Bas-Rhin.	Strasbourg.	Bischwiller.
Lévoncourt	*Luffendorf.*	Haut-Rhin.	Mulhouse.	Ferrette.
Ley		Meurthe.	Château-Salins.	Vic.
Leymen	*Leimen.*	Haut-Rhin.	Mulhouse.	Huningue.
Leywiller	*Leyweiler.*	Moselle.	Sarreguemines.	Gros-Tenquin.
Lezey		Meurthe.	Château-Salins.	Vic.
Lhor	*Lohr.*	Meurthe.	Château-Salins.	Albestroff.
Lichtenberg		Bas-Rhin.	Saverne.	La Petite-Pierre.
Lidrequin	*Linderchen.*	Meurthe.	Château-Salins.	Château-Salins.
Lidrezing	*Liedersingen*	Meurthe.	Château-Salins.	Dieuze.
Liebentzwiller	*Liebenzweiler.*	Haut-Rhin.	Mulhouse.	Huningue.
Liebsdorff	*Liebsdorf.*	Haut-Rhin.	Mulhouse.	Ferrette.
Liederscheidt	*Liederscheid*	Moselle.	Sarreguemines.	Bitche.
Liéhon		Moselle.	Metz.	Verny.
Liepvre	*Leberau*	Haut-Rhin.	Colmar.	Ste-Marie-aux-Mines.
Ligsdorff	*Lüxdorf.*	Haut-Rhin.	Mulhouse.	Ferrette.
Limersheim		Bas-Rhin.	Schlestadt.	Erstein.
Lindre-Basse		Meurthe.	Château-Salins.	Dieuze.
Lindre-Haute		Meurthe.	Château-Salins.	Dieuze.
Lingolsheim		Bas-Rhin.	Strasbourg.	Geispolsheim.
Linsdorff	*Linsdorf.*	Haut-Rhin.	Mulhouse.	Ferrette.
Linthal		Haut-Rhin.	Colmar.	Guebwiller.
Liocourt		Meurthe.	Château-Salins.	Delme.

LOCALITÉS — NOM ALLEMAND	LOCALITÉS — NOM DIFFÉRENT en français	BEZIRK (DÉPARTEMENT)	KREIS (CERCLE)	KANTON (CANTON)
Laneuveville bei Lörchingen	*Neuveville-lès-Lorquin (La)*	Lothringen.	Saarburg.	Lörchingen.
Laneuveville-en-Saulnois	*Neuveville-en-Saulnois (La)*	Lothringen.	Château-Salins.	Delme.
Langd	*Langatte*	Lothringen.	Saarburg.	Saarburg.
Langenberg	*Languimberg*	Lothringen.	Saarburg.	Rixingen.
Langensulzbach	*Langensoultzbach*	Unter-Elsass.	Weissenburg.	Wörth.
Lanningen	*Laning*	Lothringen.	Forbach.	Grosstänchen.
Laquenexy	. . . .	Lothringen.	Metz.	Pange.
Largitzen	. . . .	Ober-Elsass.	Altkirch.	Hirsingen.
Lascemborn	*Lafrimbole*	Lothringen.	Saarburg.	Lörchingen.
Laubach	. . . .	Unter-Elsass.	Weissenburg.	Wörth.
Laumesfeld	. . . .	Lothringen.	Diedenhofen.	Sierck.
Launsdorf	*Launstroff*	Lothringen.	Diedenhofen.	Sierck.
Lautenbach	. . . .	Ober-Elsass.	Gebweiler.	Gebweiler.
Lautenbach-Zell	. . . .	Ober-Elsass.	Gebweiler.	Gebweiler.
Lauterburg	*Lauterbourg*	Unter-Elsass.	Weissenburg.	Lauterburg.
Lauterfangen	*Landrefang*	Lothringen.	Bolchen.	Falkenberg.
Lauterfingen	*Loudrefing*	Lothringen.	Château-Salins.	Albesdorf.
Lautermingen	*Loutremange*	Lothringen.	Bolchen.	Bolchen.
Leberau	*Liepvre*	Ober-Elsass.	Rappoltsweiler.	Markirch.
Leimbach	. . . .	Ober-Elsass.	Thann.	Thann.
Lelmen	*Leymen*	Ober-Elsass.	Mülhausen.	Hüningen.
Leiningen	*Léning*	Lothringen.	Château-Salins.	Albesdorf.
Leitersweiler	*Leiterswiller*	Unter-Elsass.	Weissenburg.	Sulz unterm Wald.
Lellingen	*Lelling*	Lothringen.	Forbach.	Grosstänchen.
Lembach	. . . .	Unter-Elsass.	Weissenburg.	Weissenburg.
Lemberg	. . . .	Lothringen.	Saargemünd.	Bitsch.
Lemoncourt	. . . .	Lothringen.	Château-Salins.	Delme.
Lemud	. . . .	Lothringen.	Metz.	Pange.
Lengelsheim	*Lenguelsheim*	Lothringen.	Saargemünd.	Wolmünster.
Lesse	. . . .	Lothringen.	Château-Salins.	Delme.
Lessy	. . . .	Lothringen.	Metz.	Gorze.
Leutenheim	. . . .	Unter-Elsass.	Hagenau.	Bischweiler.
Ley	. . . .	Lothringen.	Château-Salins.	Vic.
Leyweiler	*Leywiller*	Lothringen.	Forbach.	Grosstänchen.
Lezey	. . . .	Lothringen.	Château-Salins.	Vic.
Lichtenberg	. . . .	Unter-Elsass.	Zabern.	Lützelstein.
Liebenzweiler	*Liebentzwiller*	Ober-Elsass.	Mülhausen.	Hüningen.
Liebsdorf	*Liebsdorff*	Ober-Elsass.	Altkirch.	Pfirt.
Liederscheid	*Liederscheidt*	Lothringen.	Saargemünd.	Bitsch.
Liedersingen	*Lidrezing*	Lothringen.	Château-Salins.	Dieuze.
Liéhon	. . . .	Lothringen.	Metz.	Verny.
Limersheim	. . . .	Unter-Elsass.	Erstein.	Erstein.
Linderchen	*Lidrequin*	Lothringen.	Château-Salins.	Château-Salins.
Lindre-Basse	. . . .	Lothringen.	Château-Salins.	Dieuze.
Lindre-Haute	. . . .	Lothringen.	Château-Salins.	Dieuze.
Lingolsheim	. . . .	Unter-Elsass.	Erstein.	Geispolsheim.
Linsdorf	*Linsdorff*	Ober-Elsass.	Altkirch.	Pfirt.
Linthal	. . . .	Ober-Elsass.	Gebweiler.	Gebweiler.
Liocourt	. . . .	Lothringen.	Château-Salins.	Delme.
Lipsheim	. . . .	Unter-Elsass.	Erstein.	Geispolsheim.
Littenheim	. . . .	Unter-Elsass.	Zabern.	Zabern.

LOCALITÉS		DÉPARTEMENT	ARRONDISSEMENT	CANTON
NOM FRANÇAIS	NOM DIFFÉRENT en allemand			
Lipsheim		Bas-Rhin.	Strasbourg.	Geispolsheim.
Littenheim		Bas-Rhin.	Saverne.	Saverne.
Lixhausen		Bas-Rhin.	Saverne.	Hochfelden.
Lixheim		Meurthe.	Sarrebourg.	Phalsbourg.
Lixing-lès-Lanning	*Lixingen*	Moselle.	Sarreguemines.	Gros-Tenquin.
Lixing-lès-Rouhling	*Lixingen*	Moselle.	Sarreguemines.	Sarreguemines.
Lobsann		Bas-Rhin.	Wissembourg.	Soultz-sous-Forêts.
Lochwiller	*Lochweiler*	Bas-Rhin.	Saverne.	Marmoutier.
Logelheim ou **Loglenheim**	*Logelnheim*	Haut-Rhin.	Colmar.	Neufbrisach.
Lohr		Bas-Rhin.	Saverne.	La Petite-Pierre.
Lommerange	*Lommeringen*	Moselle.	Briey.	Audun-le-Roman.
Longeville-lès-Metz	*Longeville bei Metz*	Moselle.	Metz.	Metz.
Longeville-lès-Saint-Avold		Moselle.	Metz.	Faulquemont.
Lorentzen	*Lorenzen*	Bas-Rhin.	Saverne.	Saar-Union.
Lorquin	*Lörchingen*	Meurthe.	Sarrebourg.	Lorquin.
Lorry-devant-le-Pont	*Lorry-Mardigny*	Moselle.	Metz.	Verny.
Lorry-lès-Metz	*Lorry bei Metz*	Moselle.	Metz.	Metz.
Lostroff	*Losdorf*	Meurthe.	Château-Salins.	Albestroff.
Loudrefing	*Lauterfingen*	Meurthe.	Château-Salins.	Albestroff.
Loupershausen	*Lupershausen*	Moselle.	Sarreguemines.	Sarreguemines.
Loutremange	*Lauterminngen*	Moselle.	Metz.	Boulay.
Loutzwiller	*Lutzweiler*	Moselle.	Sarreguemines.	Volmunster.
Louvigny		Moselle.	Metz.	Verny.
Lubécourt		Meurthe.	Château-Salins.	Château-Salins.
Lucelle	*Lützel*	Haut-Rhin.	Mulhouse.	Ferrette.
Lucy		Meurthe.	Château-Salins.	Delme.
Luemschwiller	*Lümschweiler*	Haut-Rhin.	Mulhouse.	Altkirch.
Luppy		Moselle.	Metz.	Pange.
Lupstein		Bas-Rhin.	Saverne.	Saverne.
Lutran	*Luttern*	Haut-Rhin.	Belfort.	Dannemarie.
Luttange	*Lüttingen*	Moselle.	Thionville.	Metzerwisse.
Luttenbach		Haut-Rhin.	Colmar.	Munster.
Lutter		Haut-Rhin.	Mulhouse.	Ferrette.
Lutterbach		Haut-Rhin.	Mulhouse.	Mulhouse.
Lutzelbourg	*Lützelburg*	Meurthe.	Sarrebourg.	Phalsbourg.
Lutzelhausen	*Lützelhausen*	Bas-Rhin.	Strasbourg.	Molsheim.

M

NOM FRANÇAIS	NOM DIFFÉRENT en allemand	DÉPARTEMENT	ARRONDISSEMENT	CANTON
Macheren	*Machern*	Moselle.	Sarreguemines.	St-Avold.
Mackenheim		Bas-Rhin.	Schlestadt.	Marckolsheim.
Mackwiller	*Mackweiler*	Bas-Rhin.	Saverne.	Drulingen.
Mænnolsheim	*Männolsheim*	Bas-Rhin.	Saverne.	Saverne.
Magny		Moselle.	Metz.	Verny.
Magny		Haut-Rhin.	Belfort.	Dannemarie.
Magstatt-le-Bas	*Niedermagstatt*	Haut-Rhin.	Mulhouse.	Landser.
Magstatt-le-Haut	*Obermagstatt*	Haut-Rhin.	Mulhouse.	Landser.
Mainvillers	*Maiweiler*	Moselle.	Metz.	Faulquemont.
Maizeroy		Moselle.	Metz.	Pange.

LOCALITÉS		BEZIRK	KREIS	KANTON
NOM ALLEMAND	NOM DIFFÉRENT en français	(DÉPARTEMENT)	(CERCLE)	(CANTON)
Lixhausen		Unter-Elsass.	Strassburg.	Hochfelden.
Lixheim		Lothringen.	Saarburg.	Pfalzburg.
Lixingen	*Lixing-lès-Laning*	Lothringen.	Forbach.	Grosstänchen.
Lixingen	*Lixing-lès-Rouhling*	Lothringen.	Saargemünd.	Saargemünd.
Lobsann		Unter-Elsass.	Weissenburg.	Sulz unterm Wald.
Lochweiler	*Lochwiller*	Unter-Elsass.	Zabern.	Maursmünster.
Lörchingen	*Lorquin*	Lothringen.	Saarburg.	Lörchingen.
Logelnheim	*Logelheim* ou *Loglenheim*	Ober-Elsass.	Colmar.	Neubreisach.
Lohr	*Lhor*	Lothringen.	Château-Salins.	Albesdorf.
Lohr		Unter-Elsass.	Zabern.	Lützelstein.
Lommeringen	*Lommerange*	Lothringen.	Diedenhofen.	Fentsch.
Longeville bei Metz	*Longeville-lès-Metz*	Lothringen.	Metz.	Metz.
Lorenzen	*Lorentzen*	Unter-Elsass.	Zabern.	Saarunion.
Lorry bei Metz	*Lorry-lès-Metz*	Lothringen.	Metz.	Metz.
Lorry-Mardigny	*Lorry-devant-le-Pont*	Lothringen.	Metz.	Verny.
Losdorf	*Lostroff*	Lothringen.	Château-Salins.	Albesdorf.
Louvigny		Lothringen.	Metz.	Verny.
Lubécourt		Lothringen.	Château-Salins.	Château-Salins.
Lubeln		Lothringen.	Bolchen.	Falkenberg.
Lucy		Lothringen.	Château-Salins.	Delme.
Lümschweiler	*Luemschwiller*	Ober-Elsass.	Altkirch.	Altkirch.
Lüttingen	*Luttange*	Lothringen.	Diedenhofen.	Metzerwiese.
Lützel	*Lucelle*	Ober-Elsass.	Altkirch.	Pfirt.
Lützelburg	*Lutzelbourg*	Lothringen.	Saarburg.	Pfalzburg.
Lützelhausen	*Lutzelhausen*	Unter-Elsass.	Molsheim.	Molsheim.
Lützelstein	*Petite-Pierre (La)*	Unter-Elsass.	Zabern.	Lützelstein.
Lüxdorf	*Ligsdorff*	Ober-Elsass.	Altkirch.	Pfirt.
Luffendorf	*Lévoncourt*	Ober-Elsass.	Altkirch.	Pfirt.
Lupershausen	*Loupershausen*	Lothringen.	Saargemünd.	Saargemünd.
Luppy		Lothringen.	Metz.	Pange.
Lupstein		Unter-Elsass.	Zabern.	Zabern.
Luttenbach		Ober-Elsass.	Colmar.	Münster.
Lutter		Ober-Elsass.	Altkirch.	Pfirt.
Lutterbach		Ober-Elsass.	Mülhausen.	[illegible]
Luttern	*Lutran*	Ober-Elsass.	Altkirch.	Dammerkirch.
Lutzweiler	*Loutzwiller*	Lothringen.	Saargemünd.	Wolmünster.

M

NOM ALLEMAND	NOM DIFFÉRENT en français	BEZIRK	KREIS	KANTON
Machern	*Macheren*	Lothringen.	Forbach.	St Avold.
Mackenheim		Unter-Elsass.	Schlettstadt.	Markolsheim.
Mackweiler	*Mackwiller*	Unter-Elsass.	Zabern.	Drulingen.
Männolsheim	*Mænnolsheim*	Unter-Elsass.	Zabern.	Zabern.
Magny		Lothringen.	Metz.	Verny.
Malweiler	*Mainvillers*	Lothringen.	Bolchen.	Falkenberg.
Maizeroy		Lothringen.	Metz.	Pange.
Maizery		Lothringen.	Metz.	Pange.
Maizières	*Maizières-lès-Vic*	Lothringen.	Château-Salins.	Vic.
Maizières bei Metz	*Maizières-lès-Metz*	Lothringen.	Metz.	Metz.

LOCALITÉS — NOM FRANÇAIS	LOCALITÉS — NOM DIFFÉRENT en allemand	DÉPARTEMENT	ARRONDISSEMENT	CANTON
Maisery	. . . .	Moselle.	Metz.	Pange.
Maizières-lès-Vic	. . . .	Meurthe.	Château-Salins.	Vic.
Maizières-lès-Metz	*Maizièresbei Metz.*	Moselle.	Metz.	Metz.
Malaucourt	. . . .	Meurthe.	Château-Salins.	Delme.
Malling	*Mallingen*	Moselle.	Thionville.	Metzerwisse.
Malmerspach	. . . .	Haut-Rhin.	Belfort.	St-Amarin.
Malroy	. . . .	Moselle.	Metz.	Vigy.
Manderen	*Mandern*	Moselle.	Thionville.	Sierck.
Manhoué	. . . .	Meurthe.	Château-Salins.	Château-Salins.
Manon	*Monhofen*	Moselle.	Thionville.	Thionville.
Manspach	*Mansbach*	Haut-Rhin.	Belfort.	Dannemarie.
Many	. . . .	Moselle.	Metz.	Faulquemont.
Marange-Silvange	. . . .	Moselle.	Metz.	Metz.
Marange-Zondrange	*Möhringen-Zondringen*	Moselle.	Metz.	Faulquemont.
Marckolsheim	*Markolsheim*	Bas-Rhin.	Schlestadt.	Marckolsheim.
Marieulles	. . . .	Moselle.	Metz.	Verny.
Marimont	. . . .	Meurthe.	Château-Salins.	Albestroff.
Marlenheim	. . . .	Bas-Rhin.	Strasbourg.	Wasselonne.
Marly	. . . .	Moselle.	Metz.	Verny.
Marmoutier	*Maursmünster*	Bas-Rhin.	Saverne.	Marmoutier.
Marsal	. . . .	Meurthe.	Château-Salins.	Vic.
Marsilly	. . . .	Moselle.	Metz.	Pange.
Marspich	. . . .	Moselle.	Thionville.	Thionville.
Marthil	. . . .	Meurthe.	Château-Salins.	Delme.
Massevaux	*Masmünster*	Haut-Rhin.	Belfort.	Massevaux.
Mattstall	. . . .	Bas-Rhin.	Wissembourg.	Wœrth.
Matzenheim	. . . .	Bas-Rhin.	Schlestadt.	Benfeld.
Maxe (La)	*Maxe*	Moselle.	Metz.	Metz.
Maxstadt	. . . .	Moselle.	Sarreguemines.	Gros-Tenquin.
Mécleuves	. . . .	Moselle.	Metz.	Verny.
Mégange	*Mengen*	Moselle.	Metz.	Boulay.
Meisenthal	. . . .	Moselle.	Sarreguemines.	Bitche.
Meissengott	*Meisengott*	Bas-Rhin.	Schlestadt.	Villé.
Meistratzheim	. . . .	Bas-Rhin.	Schlestadt.	Obernai.
Melsheim	. . . .	Bas-Rhin.	Saverne.	Hochfelden.
Memelshoffen	*Memmelshofen*	Bas-Rhin.	Wissembourg.	Soultz-sous-Forêts.
Menchhoffen	*Menchhofen*	Bas-Rhin.	Saverne.	Bouxwiller.
Mercy-lès-Metz	*Mercy bei Metz*	Moselle.	Metz.	Pange.
Merlebach	*Merlenbach*	Moselle.	Sarreguemines.	Forbach.
Merschweiller	*Merschweiler*	Moselle.	Thionville.	Sierck.
Merten	. . . .	Moselle.	Thionville.	Bouzonville.
Mertzen	*Merzen*	Haut-Rhin.	Mulhouse.	Hirsingen.
Mertzwiller	*Merzweiler*	Bas-Rhin.	Wissembourg.	Niederbronn.
Merxheim	. . . .	Haut-Rhin.	Colmar.	Soultz.
Métairies-de-St-Quirin	*Métairies-St Quirin*	Meurthe.	Sarrebourg.	Lorquin.
Metting	*Mettingen*	Meurthe.	Sarrebourg.	Phalsbourg.
Metz	. . . .	Moselle.	Metz.	Metz.
Metzeral	. . . .	Haut-Rhin.	Colmar.	Munster.
Metzeresche	*Metzeresch*	Moselle.	Thionville.	Metzerwisse.
Metzerwisse	*Metzerwiese*	Moselle.	Thionville.	Metzerwisse.
Metzing	*Metzingen*	Moselle.	Sarreguemines.	Forbach.
Mey	. . . .	Moselle.	Metz.	Metz.
Meyenheim	*Meienheim*	Haut-Rhin.	Colmar.	Ensisheim.
Michelbach	. . . .	Haut-Rhin.	Belfort.	Thann.
Michelbach-le-Bas	*Niedermichelbach*	Haut-Rhin.	Mulhouse.	Huningue.

LOCALITÉS		BEZIRK (DÉPARTEMENT)	KREIS (CERCLE)	KANTON (CANTON)
NOM ALLEMAND	NOM DIFFÉRENT en français			
Malaucourt		Lothringen.	Château-Salins.	Delme.
Mallingen	*Malling*	Lothringen.	Diedenhofen.	Sierck.
Malmerspach		Ober-Elsass.	Thann.	St Amarin.
Malroy		Lothringen.	Metz.	Vigy.
Mandern	*Manderen*	Lothringen.	Diedenhofen.	Sierck.
Manhoué		Lothringen.	Château-Salins.	Château-Salins.
Mansbach	*Manspach*	Ober-Elsass.	Altkirch.	Dammerkirch.
Marange-Silvange		Lothringen.	Metz.	Metz.
Marieulles		Lothringen.	Metz.	Verny.
Marimont		Lothringen.	Château-Salins.	Albesdorf.
Markirch	*Ste-Marie-aux-Mines*	Ober-Elsass.	Rappoltsweiler.	Markirch.
Markolsheim	*Marckolsheim*	Unter-Elsass.	Schlettstadt.	Markolsheim.
Marlenheim		Unter-Elsass.	Molsheim.	Wasselnheim.
Marly		Lothringen.	Metz.	Verny.
Marsal		Lothringen.	Château-Salins.	Vic.
Marsilly		Lothringen.	Metz.	Pange.
Marspich		Lothringen.	Diedenhofen.	Diedenhofen.
Marthil		Lothringen.	Château-Salins.	Delme.
Masmünster	*Massevaux*	Ober-Elsass.	Thann.	Masmünster.
Mattstall		Unter-Elsass.	Weissenburg.	Wörth.
Matzenheim		Unter-Elsass.	Erstein.	Benfeld.
Maursmünster	*Marmoutier*	Unter-Elsass.	Zabern.	Maursmünster.
Maxe	*Maxe (La)*	Lothringen.	Metz.	Metz.
Maxstadt		Lothringen.	Forbach.	Grosstänchen.
Mécleuves		Lothringen.	Metz.	Verny.
Meienheim	*Meyenheim*	Ober-Elsass.	Gebweiler.	Ensisheim.
Meisengott	*Meissengott*	Unter-Elsass.	Schlettstadt.	Weiler.
Meisenthal		Lothringen.	Saargemünd.	Bitsch.
Meistratzheim		Unter-Elsass.	Erstein.	Oberehnheim.
Melsheim		Unter-Elsass.	Strassburg.	Hochfelden.
Memersbronn		Lothringen.	Bolchen.	Bolchen.
Memmelshofen	*Memelshoffen*	Unter-Elsass.	Weissenburg.	Sulz unterm Wald.
Menchhofen	*Menchhoffen*	Unter-Elsass.	Zabern.	Buchsweiler.
Mengen	*Mégange*	Lothringen.	Bolchen.	Bolchen.
Menglatt		Ober-Elsass.	Altkirch.	Dammerkirch.
Mercy bei Metz	*Mercy-lès-Metz*	Lothringen.	Metz.	Pange.
Merkweiler		Unter-Elsass.	Weissenburg.	Sulz unterm Wald.
Merlenbach	*Merlebach*	Lothringen.	Forbach.	Forbach.
Merschweiler	*Merschweiller*	Lothringen.	Diedenhofen.	Sierck.
Merten		Lothringen.	Bolchen.	Busendorf.
Merxheim		Ober-Elsass.	Gebweiler.	Sulz.
Merzen	*Mertzen*	Ober-Elsass.	Altkirch.	Hirsingen.
Merzweiler	*Mertzwiller*	Unter-Elsass.	Hagenau.	Niederbronn.
Métairies-St Quirin	*Métairies-de-St-Quirin*	Lothringen.	Saarburg.	L[illegible]rchingen.
Mettingen	*Metting*	Lothringen.	Saarburg.	P[illegible]zburg.
Metz		Lothringen.	Metz.	M[illegible].
Metzeral		Ober-Elsass.	Colmar.	M[illegible]ter.
Metzeresch	*Metzeresche*	Lothringen.	Diedenhofen.	Metz[illegible]rwiese.
Metzerwiese	*Metzerwisse*	Lothringen.	Diedenhofen.	Metz[illegible]wiese.
Metzingen	*Metzing*	Lothringen.	Forbach.	Forba[illegible].
Méy		Lothringen.	Metz.	Metz.
Michelbach		Ober-Elsass.	Thann.	Thann.

LOCALITÉS		DÉPARTEMENT	ARRONDISSEMENT	CANTON
NOM FRANÇAIS	NOM DIFFÉRENT en allemand			
Michelbach-le-Haut	*Obermichelbach*	Haut-Rhin.	Mulhouse.	Huningue.
Mietesheim		Bas-Rhin.	Wissembourg.	Niederbronn.
Minversheim	*Minwersheim*	Bas-Rhin.	Saverne.	Hochfelden.
Mitschdorff	*Mitschdorf*	Bas-Rhin.	Wissembourg.	Wœrth.
Mittelbergheim		Bas-Rhin.	Schlestadt.	Barr.
Mittelbronn		Meurthe.	Sarrebourg.	Phalsbourg.
Mittelhausbergen		Bas-Rhin.	Strasbourg.	Schiltigheim.
Mittelhausen		Bas-Rhin.	Saverne.	Hochfelden.
Mittelmuespach	*Mittelmüspach*	Haut-Rhin	Mulhouse.	Ferrette.
Mittelschaeffolsheim	*Mittelschäffolsheim*	Bas-Rhin.	Strasbourg.	Brumath.
Mittelwihr	*Mittelweier*	Haut-Rhin.	Colmar.	Kaysersberg.
Mittersheim		Meurthe.	Sarrebourg.	Fénétrange.
Mitzach		Haut-Rhin.	Belfort.	St-Amarin.
Mœrnach	*Mörnach*	Haut-Rhin.	Belfort.	Ferrette.
Mollau		Haut-Rhin.	Belfort.	St-Amarin.
Mollkirch		Bas-Rhin.	Schlestadt.	Rosheim.
Molring	*Molringen*	Meurthe.	Château-Salins.	Albestroff.
Molsheim		Bas-Rhin	Strasbourg.	Molsheim.
Momestroff	*Momesdorf*	Moselle.	Metz.	Boulay.
Mommenheim		Bas-Rhin.	Strasbourg.	Brumath
Moncheux		Moselle.	Metz.	Verny.
Moncourt		Meurthe.	Château-Salins.	Vic.
Mondorff	*Mondorf*	Moselle.	Thionville.	Cattenom.
Monneren		Moselle.	Thionville.	Metzerwisse.
Monswiller	*Monsweiler*	Bas-Rhin.	Saverne.	Saverne.
Montbronn	*Mombronn*	Moselle.	Sarreguemines.	Rorbach.
Montdidier		Meurthe.	Château-Salins.	Albestroff.
Montenach		Moselle.	Thionville.	Sierck.
Montigny-lès-Metz	*Montigny bei Metz*	Moselle.	Metz.	Metz.
Montois-la-Montagne		Moselle.	Briey.	Briey.
Montoy		Moselle.	Metz.	Pange.
Montreux-Jeune	*Jungmünsterol*	Haut-Rhin.	Belfort.	Fontaine.
Montreux-Vieux	*Altmünsterol*	Haut-Rhin.	Belfort.	Fontaine.
Moos		Haut-Rhin.	Mulhouse.	Ferrette.
Moosch		Haut-Rhin.	Belfort.	St-Amarin.
Morhange	*Mörchingen*	Moselle.	Sarreguemines.	Gros-Tenquin.
Morsbach		Moselle.	Sarreguemines.	Forbach.
Morsbronn		Bas-Rhin.	Wissembourg.	Wœrth.
Morschwiller	*Morschweiler*	Bas-Rhin.	Strasbourg.	Haguenau.
Mortzwiller	*Morzweiler*	Haut-Rhin.	Belfort.	Massevaux.
Morville-lès-Vic	*Morville bei Vic*	Meurthe.	Château-Salins.	Château-Salins.
Morville-sur-Nied	*Morville an der Nied*	Meurthe.	Château-Salins.	Delme.
Mothern	*Mothern*	Bas-Rhin.	Wissembourg.	Seltz.
Moulins-lès-Metz	*Moulins bei Metz*	Moselle.	Metz.	Metz.
Moussey		Meurthe.	Château-Salins.	Réchicourt.
Mouterhausen	*Mutterhausen*	Moselle.	Sarreguemines.	Bitche.
Moyenvic		Meurthe.	Château-Salins.	Vic.
Moyeuvre-la-Grande	*Gross-Moyeuvre*	Moselle.	Thionville.	Thionville.
Moyeuvre-la-Petite	*Klein-Moyeuvre*	Moselle.	Thionville.	Thionville.
Muhlbach	*Mühlbach*	Bas-Rhin.	Schlestadt.	Rosheim.
Muhlbach	*Mühlbach*	Haut-Rhin.	Colmar.	Munster.
Muhlhausen	*Mühlhausen*	Bas-Rhin.	Saverne.	Bouxwiller.
Mulcey		Meurthe.	Château-Salins.	Dieuze.
Mulhouse	*Mülhausen*	Haut-Rhin.	Mulhouse.	Mulhouse.

LOCALITÉS		BEZIRK (DÉPARTEMENT)	KREIS (CERCLE)	KANTON (CANTON)
NOM ALLEMAND	NOM DIFFÉRENT en français			
Mietesheim		Unter-Elsass.	Hagenau.	Niederbronn.
Minwersheim	*Minversheim*	Unter-Elsass.	Strassburg.	Hochfelden.
Mitschdorf	*Mitschdorff.*	Unter-Elsass.	Weissenburg.	Wörth.
Mittelbergheim		Unter-Elsass.	Schlettstadt.	Barr.
Mittelbronn		Lothringen.	Saarburg.	Pfalzburg.
Mittelhausbergen		Unter-Elsass.	Strassburg.	Schiltigheim.
Mittelhausen		Unter-Elsass.	Strassburg.	Hochfelden.
Mittelmüspach	*Mittelmuespach.*	Ober-Elsass.	Altkirch.	Pfirt.
Mittelschäffolsheim	*Mittelschaeffolsheim.*	Unter-Elsass.	Strassburg.	Brumath.
Mittelweier	*Mittelwihr*	Ober-Elsass.	Rappoltsweiler.	Kaysersberg.
Mittersheim		Lothringen.	Saarburg.	Finstingen.
Mittlach		Ober-Elsass.	Colmar.	Münster.
Mitzach		Ober-Elsass.	Thann.	St Amarin.
Möhringen-Zondringen	*Marange-Zondrange.*	Lothringen.	Bolchen.	Falkenberg.
Mörchingen	*Morhange*	Lothringen.	Forbach.	Grosstänchen.
Mörnach	*Mœrnach.*	Ober-Elsass.	Altkirch.	Pfirt.
Mollau		Ober-Elsass.	Thann.	St Amarin.
Mollkirch		Unter-Elsass.	Molsheim.	Rosheim.
Molringen	*Molring*	Lothringen.	Château-Salins.	Albesdorf.
Molsheim		Unter-Elsass.	Molsheim.	Molsheim.
Mombronn	*Montbronn*	Lothringen.	Saargemünd.	Rohrbach.
Momersdorf	*Momestroff.*	Lothringen.	Bolchen.	Bolchen.
Mommenheim		Unter-Elsass	Strassburg.	Brumath.
Moncheux		Lothringen	Metz.	Verny.
Moncourt		Lothringen.	Château-Salins.	Vic.
Mondorf	*Mondorff.*	Lothringen.	Diedenhofen.	Kattenhofen.
Monhofen	*Manom.*	Lothringen.	Diedenhofen.	Diedenhofen.
Monneren		Lothringen.	Diedenhofen.	Metzerwiese.
Monsweiler	*Monswiller.*	Unter-Elsass.	Zabern.	Zabern.
Montdidier		Lothringen.	Château-Salins.	Albesdorf.
Montenach		Lothringen.	Diedenhofen.	Sierck.
Montigny bei Metz	*Montigny-lès-Metz.*	Lothringen.	Metz.	Metz.
Montois-la-Montagne		Lothringen.	Metz.	Metz.
Montoy		Lothringen.	Metz.	Pange
Moos		Ober-Elsass.	Altkirch.	Pfirt.
Moosch		Ober-Elsass.	Thann.	St Amarin.
Morsbach		Lothringen.	Forbach.	Forbach.
Morsbronn		Unter-Elsass.	Weissenburg.	Wörth.
Morschweiler	*Morschwiller*	Unter-Elsass.	Hagenau.	Hagenau.
Morville an der Nied	*Morville-sur-Nied*	Lothringen.	Château-Salins.	Delme.
Morville bei Vic	*Morville-lès-Vic.*	Lothringen.	Château-Salins.	Château-Salins.
Morzweiler	*Mortzwiller*	Ober-Elsass.	Thann.	Masmünster.
Mothern	*Motheren.*	Unter-Elsass.	Weissenburg.	Selz.
Moulins bei Metz	*Moulins-lès-Metz*	Lothringen.	Metz.	Metz.
Moussey		Lothringen.	Saarburg.	Rixingen.
Moyenvic		Lothringen.	Château-Salins.	Vic.
Mühlbach	*Muhlbach*	Ober-Elsass.	Colmar.	Münster.
Mühlbach	*Muhlbach*	Unter-Elsass.	Molsheim.	Rosheim.
Mühlhausen	*Muhlhausen*	Unter-Elsass.	Zabern.	Buchsweiler.
Mülhausen	*Mulhouse.*	Ober-Elsass.	Mülhausen.	Mülhausen-Nord und Sud.
Münchhausen	*Munchhausen.*	Ober-Elsass.	Gebweiler.	Ensisheim.

LOCALITÉS — NOM FRANÇAIS	NOM DIFFÉRENT en allemand	DÉPARTEMENT	ARRONDISSEMENT	CANTON
Munchhausen	*Münchhausen*	Bas-Rhin.	Wissembourg.	Seltz.
Munckhausen	*Münchhausen*	Haut-Rhin.	Colmar.	Ensisheim.
Mundolsheim		Bas-Rhin.	Strasbourg.	Schiltigheim.
Munster	*Münster*	Meurthe.	Château-Salins.	Albestroff.
Munster	*Münster*	Haut-Rhin.	Colmar.	Munster.
Muntzenheim	*Munzenheim*	Haut-Rhin.	Colmar.	Andolsheim.
Munwiller	*Munweiler*	Haut-Rhin.	Colmar.	Ensisheim.
Murbach		Haut-Rhin.	Colmar.	Guebwiller.
Mussig		Bas-Rhin.	Schlestadt.	Marckolsheim.
Muttersholtz	*Müttersholz*	Bas-Rhin.	Schlestadt.	Marckolsheim.
Mutzenhausen		Bas-Rhin.	Saverne.	Hochfelden.
Mutzig		Bas-Rhin.	Strasbourg.	Molsheim.

N

LOCALITÉS — NOM FRANÇAIS	NOM DIFFÉRENT en allemand	DÉPARTEMENT	ARRONDISSEMENT	CANTON
Nambsheim		Haut-Rhin.	Colmar.	Neufbrisach
Narbéfontaine		Moselle.	Metz.	Briey.
Natzwiller	*Natzweiler*	Vosges.	St-Dié.	Schirmeck.
Nébing	*Nebing*	Meurthe.	Château-Salins.	Albestroff.
Neehwiller	*Nehweiler bei Wörth*	Bas-Rhin.	Wissembourg.	Wœrth.
Neewiller	*Neeweiler bei Lauterburg*	Bas-Rhin.	Wissembourg.	Lauterbourg.
Nelling	*Nellingen*	Moselle.	Sarreguemines.	Sarralbe.
Neubois		Bas-Rhin.	Schlestadt.	Villé.
Neufbrisach	*Neubreisach*	Haut-Rhin.	Colmar.	Neufbrisach.
Neufchef		Moselle.	Briey.	Audun-le-Roman.
Neuf-Grange	*Neuscheuern*	Moselle.	Sarreguemines.	Sarreguemines.
Neuf-Moulin	*Neufmoulins*	Meurthe.	Sarrebourg.	Lorquin.
Neuf-Village	*Neufvillage*	Meurthe.	Château-Salins.	Albestroff.
Neugartheim		Bas-Rhin.	Strasbourg.	Truchtersheim.
Neuhæusel	*Neuhäusel*	Bas-Rhin.	Strasbourg.	Bischwiller.
Neunkirch	*Neunkirchen*	Moselle.	Sarreguemines.	Sarreguemines.
Neunkirchen		Moselle.	Thionville.	Bouzonville.
Neuve-Église	*Neukirch*	Bas-Rhin.	Schlestadt	Villé.
Neuveville-en-Saulnois (La)	*Laneuveville-en-Saulnois*	Meurthe.	Château-Salins.	Delme.
Neuveville-lès-Lorquin (La)	*Laneuveville bei Lörchingen*	Meurthe.	Sarrebourg.	Lorquin.
Neuviller-la-Roche	*Neuweiler*	Vosges.	St-Dié.	Schirmeck.
Neuwiller	*Neuweiler*	Bas-Rhin.	Saverne.	La Petite-Pierre.
Neuwiller	*Neuweiler*	Haut-Rhin.	Mulhouse.	Huningue.
Niderviller	*Niederweiler*	Meurthe.	Sarrebourg.	Sarrebourg.
Niederbetschdorf		Bas-Rhin.	Wissembourg.	Soultz-sous-Forêts.
Niederbronn		Bas-Rhin.	Wissembourg.	Niederbronn.
Niederbruck		Haut-Rhin.	Belfort.	Massevaux.
Niederentzen	*Niederenzen*	Haut-Rhin.	Colmar.	Ensisheim.
Niederhaslach		Bas-Rhin.	Strasbourg	Molsheim.
Niederhausbergen		Bas-Rhin.	Strasbourg.	Schiltigheim

LOCALITÉS		BEZIRK (DÉPARTEMENT)	KREIS (CERCLE)	KANTON (CANTON)
NOM ALLEMAND	NOM DIFFÉRENT en français			
Münchhausen	*Munchhausen*	Unter-Elsass.	Weissenburg.	Selz.
Münster	*Munster*	Lothringen.	Château-Salins.	Albesdorf.
Münster	*Munster*	Ober-Elsass.	Colmar.	Münster.
Münzthal-St Louis	*St-Louis*	Lothringen.	Saargemünd.	Bitsch.
Müttersholz	*Muttersholtz*	Unter-Elsass.	Schlettstadt.	Markolsheim.
Mulcey		Lothringen.	Château-Salins.	Dieuze.
Mundolsheim		Unter-Elsass.	Strassburg.	Schiltigheim.
Munweiler	*Munwiller*	Ober-Elsass.	Gebweiler.	Ensisheim.
Munzenheim	*Muntzenheim*	Ober-Elsass.	Colmar.	Andolsheim.
Murbach		Ober-Elsass.	Gebweiler.	Gebweiler.
Mussig		Unter-Elsass.	Schlettstadt.	Markolsheim.
Mutterhausen	*Mouterhausen*	Lothringen.	Saargemünd.	Bitsch.
Mutzenhausen		Unter-Elsass.	Strassburg.	Hochfelden.
Mutzig		Unter-Elsass.	Molsheim.	Molsheim.

N

Nambsheim		Ober-Elsass.	Colmar.	Neubreisach.
Natzweiler	*Natzwiller*	Unter-Elsass.	Molsheim.	Schirmeck.
Nebing	*Nébing*	Lothringen.	Château-Salins.	Albesdorf.
Neeweiler bei Lauterburg	*Neehwiller*	Unter-Elsass.	Weissenburg.	Lauterburg.
Nehweiler bei Wörth	*Neehwiller*	Unter-Elsass.	Weissenburg.	Wörth.
Nellingen	*Nelling*	Lothringen.	Forbach.	Saaralben.
Neubreisach	*Neufbrisach*	Ober-Elsass.	Colmar.	Neubreisach.
Neudorf	*Village-Neuf*	Ober-Elsass.	Mülhausen.	Hüningen.
Neufmoulins	*Neuf-Moulin*	Lothringen.	Saarburg.	Lorchingen.
Neufvillage	*Neuf-Village*	Lothringen.	Château-Salins.	Albesdorf.
Neugartheim		Unter-Elsass.	Strassburg.	Truchtersheim.
Neuhäusel	*Neuhæusel*	Unter-Elsass.	Hagenau.	Bischweiler.
Neukirch	*Neuve-Église*	Unter-Elsass.	Schlettstadt.	Weiler.
Neunhäuser		Lothringen.	Diedenhofen.	Fentsch.
Neunkirchen		Lothringen.	Bolchen.	Busendorf.
Neunkirchen	*Neunkirch*	Lothringen.	Saargemünd.	Saargemünd.
Neuscheuern	*Neuf-Grange*	Lothringen.	Saargemünd.	Saargemünd.
Neuweiler	*Neuwiller*	Ober-Elsass.	Mülhausen.	Hüningen.
Neuweiler	*Neuwiller*	Unter-Elsass.	Zabern.	Lützelstein.
Neuweiler	*Neuviller-la-Roche*	Unter-Elsass.	Molsheim.	Schirmeck.
Niederaspach	*Aspach-le-Bas*	Ober-Elsass.	Thann.	Sennheim.
Niederbetschdorf		Unter-Elsass.	Weissenburg.	Sulz unterm Wald.
Niederbronn		Unter-Elsass.	Hagenau.	Niederbronn.
Niederbruck		Ober-Elsass.	Thann.	Masmünster.
Niederburbach	*Bourbach le-Bas*	Ober-Elsass.	Thann.	Thann.
Niederburnhaupt	*Burnhaupt-le-Bas*	Ober-Elsass.	Thann.	Sennheim.
Niederehnheim	*Niedernai*	Unter-Elsass.	Erstein.	Oberehnheim.
Niederenzen	*Niederentzen*	Ober-Elsass.	Gebweiler.	Ensisheim.
Niederginingen	*Guénange*	Lothringen.	Diedenhofen.	Metzerwiese.
Niederhagenthal	*Hagenthal-le-Bas*	Ober-Elsass.	Mülhausen.	Hüningen.
Niederham	*Ham (Basse et Hte-)*	Lothringen.	Diedenhofen.	Metzerwiese.
Niederhaslach		Unter-Elsass.	Molsheim.	Molsheim.
Niederhausbergen		Unter-Elsass.	Strassburg.	Schiltigheim.
Niederhergheim		Ober-Elsass.	Gebweiler.	Ensisheim.
Niederhof	*Niederhoff*	Lothringen.	Saarburg.	Lörchingen.

LOCALITÉS — NOM FRANÇAIS	LOCALITÉS — NOM DIFFÉRENT en allemand	DÉPARTEMENT	ARRONDISSEMENT	CANTON
iederhergheim		Haut-Rhin.	Colmar.	Ensisheim.
iederhoff	*Niederhof*	Meurthe.	Sarrebourg.	Lorquin.
iederlarg		Haut-Rhin.	Mulhouse.	Hirsingen.
iederlauterbach		Bas-Rhin.	Wissembourg.	Lauterbourg.
iedermodern		Bas-Rhin.	Saverne.	Bouxwiller.
iedermorschwihr	*Niedermorschweier*	Haut-Rhin.	Colmar.	Kaysersberg.
iedermorschwiller	*Niedermorschweiler*	Haut-Rhin.	Mulhouse.	Mulhouse.
iedermuespach	*Niedermüspach*	Haut-Rhin.	Mulhouse.	Ferrette.
iedernai	*Niederehnheim*	Bas-Rhin.	Schlestadt.	Obernai.
iederrœdern	*Niederrödern*	Bas-Rhin.	Wissembourg.	Seltz.
iederschaeffolsheim	*Niederschäffolsheim*	Bas-Rhin.	Strasbourg.	Haguenau.
iederseebach		Bas-Rhin.	Wissembourg.	Seltz.
iedersoultzbach	*Niedersulzbach*	Bas-Rhin.	Saverne.	Bouxwiller.
iedersteinbach		Bas-Rhin.	Wissembourg.	Wissembourg.
iederstinzel		Meurthe.	Sarrebourg.	Fénétrange.
iederwisse	*Niederwiese*	Moselle.	Metz.	Boulay.
iffer		Haut-Rhin.	Mulhouse.	Habsheim.
ilvange	*Niloingen*	Moselle.	Briey.	Audun-le-Roman.
itting		Meurthe.	Sarrebourg.	Lorquin.
oisseville		Moselle.	Metz.	Vigy.
ordhausen		Bas-Rhin.	Schlestadt.	Erstein.
ordheim		Bas-Rhin.	Strasbourg.	Wasselonne.
orroy-le-Veneur		Moselle.	Metz.	Metz.
othalten		Bas-Rhin.	Schlestadt.	Barr.
ouilly		Moselle.	Metz.	Vigy.
oussewiller-lès-Puttelange	*Nassweiler*	Moselle.	Sarreguemines.	Forbach.
oussewiller-lès-Volmunster	*Nassweiler*	Moselle.	Sarreguemines.	Volmunster.
ovéant		Moselle.	Metz.	Gorze.

O

NOM FRANÇAIS	NOM DIFFÉRENT en allemand	DÉPARTEMENT	ARRONDISSEMENT	CANTON
benheim		Bas-Rhin.	Schlestadt.	Erstein.
berbetschdorf		Bas-Rhin.	Wissembourg.	Soultz-sous-Forêts.
berbronn		Bas-Rhin.	Wissembourg.	Niederbronn.
berbruck		Haut-Rhin.	Belfort.	Masevaux.
berdorff	*Oberdorf*	Moselle.	Thionville.	Bouzonville.
berdorff	*Oberdorf*	Bas-Rhin.	Wissembourg.	Wœrth.

LOCALITÉS — NOM ALLEMAND	LOCALITÉS — NOM DIFFÉRENT en français	BEZIRK (DÉPARTEMENT)	KREIS (CERCLE)	KANTON (CANTON)
Nieder-Jeutz	*Yutz (Basse-)*	Lothringen.	Diedenhofen.	Diedenhofen.
Niederkontz	*Kontz (Basse-)*	Lothringen.	Diedenhofen.	Sierck.
Niederlarg		Ober-Elsass.	Altkirch.	Hirsingen.
Niederlauterbach		Unter-Elsass.	Weissenburg.	Lauterburg.
Niedermagstatt	*Magstatt-le-Bas*	Ober-Elsass.	Mülhausen.	Landser.
Niedermichelbach	*Michelbach-le-Bas*	Ober-Elsass.	Mülhausen.	Hüningen.
Niedermodern		Unter-Elsass.	Zabern.	Buchsweiler.
Niedermorschweier	*Niedermorschwihr*	Ober-Elsass.	Rappoltsweiler.	Kaysersberg.
Niedermorschweiler	*Niedermorschwiller*	Ober-Elsass.	Mülhausen.	Mülhausen-Süd.
Niedermüspach	*Niedermaespach*	Ober-Elsass.	Altkirch.	Pfirt.
Niederranspach	*Ranspach-le-Bas*	Ober-Elsass.	Mülhausen.	Hüningen.
Nieder-Rentgen	*Rentgen (Haute et Basse-)*	Lothringen.	Diedenhofen.	Kattenhofen.
Niederrödern	*Niederrœdern*	Unter-Elsass.	Weissenburg.	Selz.
Niederschäffolsheim	*Niederschaeffolsheim*	Unter-Elsass.	Hagenau.	Hagenau.
Niederseebach		Unter-Elsass.	Weissenburg.	Weissenburg.
Niedersept	*Seppois-le-Bas*	Ober-Elsass.	Altkirch.	Hirsingen.
Niederspechbach	*Spechbach-le-Bas*	Ober-Elsass.	Altkirch.	Altkirch.
Niedersteinbach		Unter-Elsass.	Weissenburg.	Weissenburg.
Niedersteinbrunn	*Steinbrunn-le-Bas*	Ober-Elsass.	Mülhausen.	Landser.
Niederstinzel		Lothringen.	Saarburg.	Finstingen.
Niedersulzbach	*Niedersoultzbach*	Unter-Elsass.	Zabern.	Buchsweiler.
Niedersulzbach	*Soppe-le-Bas*	Ober-Elsass.	Thann.	Masmünster.
Niedertraubach	*Traubach-le-Bas*	Ober-Elsass.	Altkirch.	Dammerkirch.
Niederum		Lothringen.	Bolchen.	Falkenberg.
Niederweiler	*Niderviller*	Lothringen.	Saarburg.	Saarburg.
Niederwiese	*Niederwisse*	Lothringen.	Bolchen.	Bolchen.
Niffer		Ober-Elsass.	Mülhausen.	Habsheim.
Nilvingen	*Nilvange*	Lothringen.	Diedenhofen.	Fentsch.
Nitting		Lothringen.	Saarburg.	Lörchingen.
Noisseville		Lothringen.	Metz.	Vigy.
Nordhausen		Unter-Elsass.	Erstein.	Erstein.
Nordheim		Unter-Elsass.	Molsheim.	Wasselnheim.
Norroy-le-Veneur		Lothringen.	Metz.	Metz.
Nothalten		Unter-Elsass.	Schlettstadt.	Barr.
Nouilly		Lothringen.	Metz.	Vigy.
Novéant		Lothringen.	Metz.	Gorze.
Nussweiler	*Nousseviller-lès-Volmunster*	Lothringen.	Saargemünd.	Wolmünster.
Nussweiler	*Nousseviller-lès-Puttelange*	Lothringen.	Forbach.	Forbach.

O

LOCALITÉS — NOM ALLEMAND	LOCALITÉS — NOM DIFFÉRENT en français	BEZIRK (DÉPARTEMENT)	KREIS (CERCLE)	KANTON (CANTON)
Obenheim		Unter-Elsass.	Erstein.	Erstein.
Oberaspach	*Aspach-le-Haut*	Ober-Elsass.	Thann.	Thann.
Oberbetschdorf		Unter-Elsass.	Weissenburg.	Sulz unterm Wald.
Oberbronn		Unter-Elsass.	Hagenau.	Niederbronn.
Oberbruck		Ober-Elsass.	Thann.	Masmünster.
Oberburbach	*Burbach-le-Haut*	Ober-Elsass.	Thann.	Masmünster.

LOCALITÉS — NOM FRANÇAIS	LOCALITÉS — NOM DIFFÉRANT en allemand	DÉPARTEMENT	ARRONDISSEMENT	CANTON
berdorff	*Oberdorf*	Haut-Rhin.	Mulhouse.	Hirsingen.
berentzen	*Oberenzen*	Haut-Rhin.	Colmar.	Ensisheim.
bergailbach		Moselle.	Sarreguemines.	Volmunster.
berhaslach		Bas-Rhin.	Strasbourg.	Molsheim.
berhausbergen		Bas-Rhin.	Strasbourg.	Schiltigheim.
berhergheim		Haut-Rhin.	Colmar.	Ensisheim.
berhoffen	*Oberhofen*	Bas-Rhin.	Strasbourg.	Bischwiller.
berhoffen	*Oberhofen*	Bas-Rhin.	Wissembourg.	Wissembourg.
berlarg		Haut-Rhin.	Mulhouse.	Ferrette.
berlauterbach		Bas-Rhin.	Wissembourg.	Seltz.
bermodern		Bas-Rhin.	Saverne.	Bouxwiller.
bermorschwihr	*Obermorschweier*	Haut-Rhin.	Colmar.	Wintzenheim.
bermorschwiller	*Obermorschweiler*	Haut-Rhin.	Mulhouse.	Altkirch.
bermuespach	*Obermüspach*	Haut-Rhin.	Mulhouse.	Ferrette.
bernai	*Oberehnheim*	Bas-Rhin.	Schlestadt.	Obernai.
berrœdern	*Oberrödern*	Bas-Rhin.	Wissembourg.	Soultz-s.-Forêts.
bersaasheim		Haut-Rhin.	Colmar.	Neufbrisach.
berschaeffolsheim	*Oberschäffolsheim*	Bas-Rhin.	Strasbourg.	Schiltigheim.
berseebach		Bas-Rhin.	Wissembourg.	Seltz.
bersoultzbach	*Obersulzbach*	Bas-Rhin.	Saverne.	Bouxwiller.
bersteinbach		Bas-Rhin.	Wissembourg.	Wissembourg.
berstinzel		Meurthe.	Sarrebourg.	Fénétrange.
breck		Meurthe.	Château-Salins.	Château-Salins.
deren	*Odern*	Haut-Rhin.	Belfort.	St-Amarin.
dratzheim		Bas-Rhin.	Strasbourg.	Wasselonne.
Ermingen		Bas-Rhin.	Saverne.	Saar-Union.
Eting	*Oetingen*	Moselle.	Sarreguemines.	Forbach.
Eutrange	*Oetringen*	Moselle.	Thionville.	Cattenom.
ffendorf		Bas-Rhin.	Strasbourg.	Bischwiller.
ffenheim		Bas-Rhin.	Strasbourg.	Truchtersheim.
ffwiller	*Offweiler*	Bas-Rhin.	Wissembourg.	Niederbronn.
gy		Moselle.	Metz.	Pange.
hlungen		Bas-Rhin.	Strasbourg.	Haguenau.
huenheim		Bas-Rhin.	Schlestadt.	Marckolsheim.
ltingen		Haut-Rhin.	Mulhouse.	Ferrette.
lwisheim		Bas-Rhin.	Strasbourg.	Brumath.
mmerey	*Ommeray*	Meurthe.	Château-Salins.	Vic.
rbey	*Urbeis*	Haut-Rhin.	Colmar.	La Poutroye.
riocourt		Meurthe.	Château-Salins.	Delme.
rmerswiller	*Ormersweiler*	Moselle.	Sarreguemines.	Volmunster.
rny		Moselle.	Metz.	Verny.
ron		Meurthe.	Château-Salins.	Delme.
rschwihr	*Orschweier*	Haut-Rhin.	Colmar.	Guebwiller.
rschwiller	*Orschweiler*	Bas-Rhin.	Schlestadt.	Schlestadt.
senbach		Haut-Rhin.	Colmar.	Rouffach.
sthausen		Bas-Rhin.	Schlestadt.	Erstein.
stheim		Haut-Rhin.	Colmar.	Kaysersberg.
sthoffen	*Osthofen*	Bas-Rhin.	Strasbourg.	Truchtersheim.
stwald		Bas-Rhin.	Strasbourg.	Geispolsheim.
ttange	*Oettingen*	Moselle.	Thionville.	Cattenom.
ttersthal		Bas-Rhin.	Saverne.	Saverne.
tterswiller	*Ottersweiler*	Bas-Rhin.	Saverne.	Marmoutier.
ttmarsheim		Haut-Rhin.	Mulhouse.	Habsheim.
ttonville	*Ottendorf*	Moselle.	Metz.	Boulay.
ttrott		Bas-Rhin.	Schlestadt.	Rosheim.
ttwiller	*Ottweiler*	Bas-Rhin.	Saverne.	Drulingen.

LOCALITÉS		BEZIRK	KREIS	KANTON
NOM ALLEMAND	NOM DIFFÉRENT en français	(DÉPARTEMENT)	(CERCLE)	(CANTON)
Oberburnhaupt	*Burnhaupt-le-Haut*	Ober-Elsass.	Thann.	Sennheim.
Oberdorf	*Oberdorff*	Lothringen.	Bolchen.	Busendorf.
Oberdorf	*Oberdorff*	Ober-Elsass.	Altkirch.	Hirsingen.
Oberdorf	*Oberdorff*	Unter-Elsass.	Weissenburg.	Wörth.
Oberehnheim	*Obernai*	Unter-Elsass.	Erstein.	Oberehnheim.
Oberenzen	*Oberentzen*	Ober-Elsass.	Gebweiler.	Ensisheim.
Ober-Fillen		Lothringen.	Bolchen.	Falkenberg.
Obergailbach		Lothringen.	Saargemünd.	Wolmünster.
Oberhagenthal	*Hagenthal-le-Haut*	Ober-Elsass.	Mülhausen.	Hüningen.
Oberhaslach		Unter-Elsass.	Molsheim.	Molsheim.
Oberhausbergen		Unter-Elsass.	Strassburg.	Schiltigheim.
Oberhergheim		Ober-Elsass.	Gebweiler.	Ensisheim.
Oberhofen	*Oberhoffen*	Unter-Elsass.	Hagenau.	Bischweiler.
Oberhofen	*Oberhoffen*	Unter-Elsass.	Weissenburg.	Weissenburg.
Oberhomburg	*Hombourg-Haut et -l'Évêque*	Lothringen.	Forbach.	St Avold.
Oberhost	*Host (Bas et Haut-)*	Lothringen.	Forbach.	St Avold.
Ober-Jeutz	*Yutz (Haute-)*	Lothringen.	Diedenhofen.	Diedenhofen.
Oberkontz	*Kontz (Haute-)*	Lothringen.	Diedenhofen.	Sierck.
Oberlarg		Ober-Elsass.	Altkirch.	Pfirt.
Oberlauterbach		Unter-Elsass.	Weissenburg.	Selz.
Obermagstatt	*Magstatt-le-Haut*	Ober-Elsass.	Mülhausen.	Landser.
Obermichelbach	*Michelbach-le-Haut*	Ober-Elsass.	Mülhausen.	Hüningen.
Obermodern		Unter-Elsass.	Zabern.	Buchsweiler.
Obermorschweier	*Obermorschwihr*	Ober-Elsass.	Colmar.	Winzenheim.
Obermorschweiler	*Obermorschwiller*	Ober-Elsass.	Altkirch.	Altkirch.
Obermüspach	*Obermuespach*	Ober-Elsass.	Altkirch.	Pfirt.
Oberranspach	*Ranspach-le-Haut*	Ober-Elsass.	Mülhausen.	Hüningen.
Oberrödern	*Oberrœdern*	Unter-Elsass.	Weissenburg.	Sulz unterm Wald.
Obersaasheim		Ober-Elsass.	Colmar.	Neubreisach.
Oberschäffolsheim	*Oberschaeffolsheim*	Unter-Elsass.	Strassburg.	Schiltigheim.
Oberseebach		Unter-Elsass.	Weissenburg.	Weissenburg.
Obersept	*Seppois-le-Haut*	Ober-Elsass.	Altkirch.	Hirsingen.
Oberspechbach	*Spechbach-le-Haut*	Ober-Elsass.	Altkirch.	Altkirch.
Obersteinbach		Unter-Elsass.	Weissenburg.	Weissenburg.
Obersteinbrunn	*Steinbrunn-le-Haut*	Ober-Elsass.	Mulhausen.	Landser.
Oberstinzel		Lothringen.	Saarburg.	Finstingen.
Obersulzbach	*Obersoultzbach*	Unter-Elsass.	Zabern.	Buchsweiler.
Obersulzbach	*Obersoultzbach*	Ober-Elsass.	Thann.	Masmünster.
Obertraubach	*Traubach-le-Haut*	Ober-Elsass.	Altkirch.	Dammerkirch.
Oberwiese		Lothringen.	Bolchen.	Bolchen.
Obreck		Lothringen.	Château-Salins.	Château-Salins.
Odern	*Oderen*	Ober-Elsass.	Thann.	St Amarin.
Odratzheim		Unter-Elsass.	Molsheim.	Wasselnheim.
Oermingen		Unter-Elsass.	Zabern.	Saarunion.
Oetingen	*Œting*	Lothringen.	Forbach.	Forbach.
Oetringen	*Œutrange*	Lothringen.	Diedenhofen.	Kattenhofen.
Oettingen	*Ottange*	Lothringen.	Diedenhofen.	Kattenhofen.
Offendorf		Unter-Elsass.	Hagenau.	Bischweiler.
Offenheim		Unter-Elsass.	Strassburg.	Truchtersheim.

LOCALITÉS		DÉPARTEMENT	ARRONDISSEMENT	CANTON
NOM FRANÇAIS	NOM DIFFÉRENT en allemand			
ndren.	*Udern*	Moselle.	Thionville.	Metzerwisse.

P

agny-lès-Goin	*Pagny bei Goin*. .	Moselle.	Metz.	Verny.
ange	. . . .	Moselle.	Metz.	Pange.
'eltre	. . . .	Moselle.	Metz.	Verny.
'etersbach	. . . .	Bas-Rhin.	Saverne.	La Petite-Pierre.
etite-Pierre (La) . . .	*Lützelstein*	Bas-Rhin.	Saverne.	La Petite-Pierre.
'etite-Rosselle	*Klein-Rosseln*. . .	Moselle.	Sarreguemines.	Forbach.
'etit-Landau	*Klein-Landau* . .	Haut-Rhin.	Mulhouse.	Habsheim.
'etit-Réderching . . .	*Klein-Rederchingen*	Moselle.	Sarreguemines.	Rorbach.
'etit-Tenquin	*Kleintänchen* . . .	Moselle.	Sarreguemines.	Gros-Tenquin.
ettoncourt.	. . . .	Meurthe.	Château-Salins.	Château-Salins.
'évange	*Pewingen*.	Meurthe.	Château-Salins.	Château-Salins.
'faffenheim.	. . . .	Haut-Rhin.	Colmar.	Rouffach.
'faffenhoffen	*Pfaffenhofen* . . .	Bas-Rhin.	Saverne.	Bouxwiller.
'falzweyer.	*Pfalzweier*.	Bas-Rhin.	Saverne.	La Petite-Pierre.
'fastatt	. . . .	Haut-Rhin.	Mulhouse.	Mulhouse.
'fetterhouse	*Pfetterhausen*. . .	Haut-Rhin.	Mulhouse.	Hirsingen.
'fettisheim *ou* Pfetzen.	*Pfettisheim*. . . .	Bas-Rhin.	Strasbourg.	Truchtersheim.
'fulgriesheim.	. . . .	Bas-Rhin.	Strasbourg.	Truchtersheim.
Phalsbourg	*Pfalzburg*	Meurthe.	Sarrebourg.	Phalsbourg.
Philipsbourg	*Philippsburg* . . .	Moselle.	Sarreguemines.	Bitche.
Piblange	*Pieblingen*	Moselle.	Metz.	Boulay.
Pierrevillers	. . . .	Moselle.	Briey.	Briey.
Pistorf.	*Pisdorf*.	Bas-Rhin.	Saverne.	Drulingen.
Plaine	. . . .	Vosges.	St-Dié.	Saales.
Plaine-de-Valsch. . . .	*Hochwalsch* . . .	Meurthe.	Sarrebourg.	Sarrebourg.

LOCALITÉS		BEZIRK	KREIS	KANTON
NOM ALLEMAND	NOM DIFFÉRENT en français	(DÉPARTEMENT)	(CERCLE)	(CANTON)
Offweiler	*Offwiller*	Unter-Elsass.	Hagenau.	Niederbronn.
Ogy		Lothringen.	Metz.	Pange.
Ohlungen		Unter-Elsass.	Hagenau.	Hagenau.
Ohnenheim		Ober-Elsass.	Schlettstadt.	Markolsheim.
Oltingen		Ober-Elsass.	Altkirch.	Pfirt.
Olwisheim		Unter-Elsass.	Strassburg.	Brumath.
Ommeray	*Ommerey*	Lothringen.	Château-Salins.	Vic.
Oriocourt		Lothringen.	Château-Salins.	Delme.
Ormersweiler	*Ormerswiller*	Lothringen.	Saargemünd.	Wolmünster.
Orny		Lothringen.	Metz.	Verny.
Oron		Lothringen.	Château-Salins.	Delme.
Orschweier	*Orschwihr*	Ober-Elsass.	Gebweiler.	Gebweiler.
Orschweiler	*Orschwiller*	Unter-Elsass.	Schlettstadt.	Schlettstadt.
Osenbach		Ober-Elsass.	Gebweiler.	Rufach.
Osthausen		Unter-Elsass.	Erstein.	Erstein.
Ostheim		Ober-Elsass.	Rappoltsweiler.	Kaysersberg.
Osthofen	*Osthoffen*	Unter-Elsass.	Strassburg.	Truchtersheim.
Ostwald		Unter-Elsass.	Erstein.	Geispolsheim.
Ottendorf	*Ottonville*	Lothringen.	Bolchen.	Bolchen.
Ottendorf	*Courtavon*	Ober-Elsass.	Altkirch.	Pfirt.
Ottersthal		Unter-Elsass.	Zabern.	Zabern.
Ottersweiler	*Otterswiller*	Unter-Elsass.	Zabern.	Maursmünster.
Ottmarsheim		Ober-Elsass.	Mülhausen.	Habsheim.
Ottrott		Unter-Elsass.	Molsheim.	Rosheim.
Ottweiler	*Ottwiller*	Unter-Elsass.	Zabern.	Drulingen.

P

Pagny bei Goin	*Pagny-lès-Goin*	Lothringen.	Metz	Verny.
Pange		Lothringen.	Metz.	Pange.
Peltre		Lothringen.	Metz.	Verny.
Petersbach		Unter-Elsass.	Zabern.	Lützelstein.
Pettoncourt		Lothringen.	Château-Salins.	Château-Salins.
Pewingen	*Pévange*	Lothringen.	Château-Salins.	Château-Salins.
Pfaffenheim		Ober-Elsass.	Gebweiler.	Rufach.
Pfaffenhofen	*Pfaffenhoffen*	Unter-Elsass.	Zabern.	Buchsweiler.
Pfalzburg	*Phalsbourg*	Lothringen.	Saarburg.	Pfalzburg.
Pfalzweier	*Pfalzweyer*	Unter-Elsass.	Zabern.	Lützelstein.
Pfarrebersweiler	*Farebersweiller*	Lothringen.	Forbach.	St Avold.
Pfastatt		Ober-Elsass.	Mülhausen.	Mülhausen-Nord.
Pfetterhausen	*Pfetterhouse*	Ober-Elsass.	Altkirch.	Hirsingen.
Pfettisheim	*Pfettisheim* ou *Pfetzen*	Unter-Elsass.	Strassburg.	Truchtersheim.
Pfirt	*Ferrette*	Ober-Elsass.	Altkirch.	Pfirt.
Pfulgriesheim		Unter-Elsass.	Strassburg.	Truchtersheim.
Philippsburg	*Philipsbourg*	Lothringen.	Saargemünd.	Bitsch.
Pieblingen	*Piblange*	Lothringen.	Bolchen.	Bolchen.
Pierrevillers		Lothringen.	Metz.	Metz.
Pisdorf	*Pistorf*	Unter-Elsass.	Zabern.	Drulingen
Plaine		Unter-Elsass.	Molsheim.	Saales.
Plantières		Lothringen.	Metz.	Metz
Plappeville		Lothringen.	Metz.	Metz.
Plesnois		Lothringen.	Metz.	Metz.
Plobsheim		Unter-Elsass.	Erstein.	Geispolsheim.

LOCALITÉS — NOM FRANÇAIS	NOM DIFFÉRENT en allemand	DÉPARTEMENT	ARRONDISSEMENT	CANTON
Plantières		Moselle.	Metz.	Metz.
Plappeville		Moselle.	Metz.	Metz.
Plesnois		Moselle.	Metz.	Metz.
Plobsheim		Bas-Rhin.	Saverne.	Geispolsheim.
Pommérieux		Moselle.	Metz.	Verny.
Pontoy		Moselle.	Metz.	Verny.
Pont-Pierre	*Steinbiedersdorf.*	Moselle.	Metz.	Faulquemont.
Porcelette		Moselle.	Sarreguemines.	St-Avold.
Postroff	*Postdorf.*	Meurthe.	Sarrebourg.	Fénétrange.
Pouilly		Moselle.	Metz.	Verny.
Pournoy-la-Chétive		Moselle.	Metz.	Verny.
Pournoy-la-Grasse		Moselle.	Metz.	Verny.
Poutroye (La)	*Schnierlach*	Haut-Rhin.	Colmar.	La Poutroye.
Preuschdorf		Bas-Rhin.	Wissembourg.	Wœrth.
Prévocourt		Meurthe.	Château-Salins.	Delme.
Printzheim	*Prinzheim*	Bas-Rhin.	Saverne.	Saverne.
Puberg		Bas-Rhin.	Saverne.	Saverne.
Pulversheim		Haut-Rhin.	Colmar.	Ensisheim.
Puttelange *ou* Puttelange-lès-Sarralbe	*Püttlingen*	Moselle.	Sarreguemines.	Sarralbe.
Puttelange-lès-Rodemack	*Püttlingen*	Moselle.	Thionville.	Catteuom.
Puttigny		Meurthe.	Château-Salins.	Château-Salins.
Puzieux		Meurthe.	Château-Salins.	Delme.

Q

Quatzenheim		Bas-Rhin.	Strasbourg.	Truchtersheim.

R

Racrange	*Rakringen*	Moselle.	Sarreguemines.	Gros-Tenquin.
Rahling	*Rahlingen*	Moselle.	Sarreguemines.	Rorbach.
Ramersmatt	*Rammersmatt.*	Haut-Rhin.	Belfort.	Thann.
Rangen		Bas-Rhin.	Saverne.	Marmoutier.
Ranguevaux	*Rangwall*	Moselle.	Thionville.	Thionville.
Ranrupt		Vosges.	Saint-Dié.	Saales.
Ranspach		Haut-Rhin.	Belfort.	St-Amarin.
Ranspach-le-Bas	*Niederranspach*	Haut-Rhin.	Mulhouse.	Huningue.
Ranspach-le-Haut	*Oberranspach.*	Haut-Rhin.	Mulhouse.	Huningue.
Rantzwiller	*Rantsweiler*	Haut-Rhin.	Mulhouse.	Landser.
Ratzwiller	*Ratzweiler*	Bas-Rhin.	Saverne.	Saar-Union.
Rauwiller	*Rauweiler*	Bas-Rhin.	Saverne.	Drulingen.
Raville	*Rollingen*	Moselle.	Metz.	Pange.
Réchicourt-le-Château	*Rixingen.*	Meurthe.	Sarrebourg.	Réchicourt-le-Château.
Rédange	*Redingen.*	Moselle.	Briey.	Longwy.
Réding	*Rieding*	Meurthe.	Sarrebourg.	Sarrebourg.
Reguisheim	*Regisheim*	Haut-Rhin.	Colmar.	Ensisheim.
Reichsfeld		Bas-Rhin.	Schlestadt.	Barr.
Reichshoffen	*Reichshofen*	Bas-Rhin.	Wissembourg.	Niederbronn.
Reichstett		Bas-Rhin.	Strasbourg.	Schiltigheim.
Reimering	*Reimeringen*	Moselle.	Thionville.	Bouzonville.
Reimerswiller	*Reimersweiler*	Bas-Rhin.	Wissembourg.	Soultz-sous-Forêts.

LOCALITÉS — NOM ALLEMAND	NOM DIFFÉRANT en français	BEZIRK (DÉPARTEMENT)	KREIS (CERCLE)	KANTON (CANTON)
Pommérieux		Lothringen.	Metz.	Verny.
Pontoy		Lothringen.	Metz.	Verny.
Porcelette		Lothringen.	Forbach.	St Avold.
Postdorf	*Postroff*	Lothringen.	Saarburg.	Finstingen.
Pouilly		Lothringen.	Metz.	Verny.
Pournoy-la-Chétive		Lothringen.	Metz.	Verny.
Pournoy-la-Grasse		Lothringen.	Metz.	Verny.
Preuschdorf		Unter-Elsass.	Weissenburg.	Wörth.
Prévocourt		Lothringen.	Château-Salins.	Delme.
Prinzheim	*Printzheim*	Unter-Elsass.	Zabern.	Zabern.
Puberg		Unter-Elsass.	Zabern.	Lützelstein.
Püttlingen	*Puttelange-lès-Rodemack*	Lothringen.	Diedenhofen.	Kattenhofen.
Püttlingen	*Puttelange* ou *Puttelange-lès-Sarralbe*	Lothringen.	Forbach.	Saaralben.
Pulversheim		Ober-Elsass.	Gebweiler.	Ensisheim.
Puttigny		Lothringen.	Château-Salins.	Château-Salins.
Puzieux		Lothringen.	Château-Salins.	Delme.

Q

Quatzenheim		Unter-Elsass.	Strassburg.	Truchtersheim.

R

Rädersdorf	*Rædersdorff*	Ober-Elsass.	Altkirch.	Pfirt.
Rädersheim	*Rædersheim*	Ober-Elsass.	Gebweiler.	Sulz.
Rahlingen	*Rahling*	Lothringen.	Saargemünd.	Rohrbach.
Rakringen	*Racrange*	Lothringen.	Forbach.	Grosstänchen.
Rammersmatt	*Ramersmatt*	Ober-Elsass.	Thann.	Thann.
Rangen		Unter-Elsass.	Zabern.	Maursmünster.
Rangwall	*Ranguevaux*	Lothringen.	Diedenhofen.	Diedenhofen.
Ranrupt		Unter-Elsass.	Molsheim.	Saales.
Ranspach		Ober-Elsass.	Thann.	St Amarin.
Rantsweiler	*Rantzwiller*	Ober-Elsass.	Mülhausen.	Landser.
Rappoltsweiler	*Ribeauvillé*	Ober-Elsass.	Rappoltsweiler.	Rappoltsweiler.
Ratzweiler	*Ratzwiller*	Unter-Elsass.	Zabern.	Saarunion.
Rauweiler	*Rauwiller*	Unter-Elsass.	Zabern.	Drulingen.
Redingen	*Rédange*	Lothringen.	Diedenhofen.	Fentsch.
Regisheim	*Reguisheim*	Ober-Elsass.	Gebweiler.	Ensisheim.
Reich	*Riche*	Lothringen.	Château-Salins.	Château-Salins.
Reichenweier	*Riquewihr*	Ober-Elsass.	Rappoltsweiler.	Kaysersberg.
Reichersberg	*Richemont*	Lothringen.	Diedenhofen.	Diedenhofen.
Reichsfeld		Unter-Elsass.	Schlettstadt.	Barr.
Reichshofen	*Reichshoffen*	Unter-Elsass.	Hagenau.	Niederbronn.
Reichstett		Unter-Elsass.	Strassburg	Schiltigheim.
Reichweiler	*Richwiller*	Ober-Elsass.	Mülhausen.	Mülhausen-Nord.

LOCALITÉS		DÉPARTEMENT	ARRONDISSEMENT	CANTON
NOM FRANÇAIS	NOM DIFFÉRENT en allemand			
Reinhardsmunster	*Reinhardsmünster*	Bas-Rhin.	Saverne.	Marmoutier.
Reiningen	. . . .	Haut-Rhin.	Mulhouse.	Mulhouse.
Reipertswiller	*Reipertsweiler*	Bas-Rhin.	Saverne.	La Petite-Pierre.
Reitwiller	*Reitweiler*	Bas-Rhin.	Strasbourg.	Truchtersheim.
Rémelfang	*Remelfangen*	Moselle.	Thionville.	Bouzonville.
Rémelfing	*Remelfingen*	Moselle.	Sarreguemines.	Sarreguemines.
Réméling	*Reimelingen*	Moselle.	Thionville.	Metzerwisse.
Rémering	*Remeringen*	Moselle.	Sarreguemines.	Sarralbe.
Rémilly	. . . .	Moselle.	Metz.	Pange.
Réning	*Reiningen*	Meurthe.	Château-Salins.	Albestroff.
Rentgen (Haute et Basse-)	*Nieder-Rentgen*	Moselle.	Thionville.	Cattenom.
Rétonfey	*Retonféy*	Moselle.	Metz.	Pange.
Retschwiller	*Retschweiler*	Bas-Rhin.	Wissembourg.	Soultz-sous-Forêts.
Rettel	. . . .	Moselle.	Thionville.	Sierck.
Retzwiller	*Retzweiler*	Haut-Rhin.	Belfort.	Dannemarie.
Reutenbourg	*Reutenburg*	Bas-Rhin.	Saverne.	Marmoutier.
Rexingen	. . . .	Bas-Rhin.	Saverne.	Drulingen.
Reyerswiller	*Reyersweiler*	Moselle.	Sarreguemines.	Bitche.
Rezonville	. . . .	Moselle.	Metz.	Gorze.
Rhinau	*Rheinau*	Bas-Rhin.	Schlestadt.	Benfeld.
Rhodes	*Rodt*	Meurthe.	Sarrebourg.	Château-Salins.
Ribeauvillé	*Rappoltsweiler*	Haut-Rhin.	Colmar.	Ribeauvillé.
Riche	*Reich*	Meurthe.	Château-Salins.	Château-Salins.
Richemont	*Reichersberg*	Moselle.	Thionville.	Thionville.
Richeval	. . . .	Meurthe.	Sarrebourg.	Réchicourt-le-Château.
Richling *ou* Richeling	*Richlingen*	Moselle.	Sarreguemines.	Sarralbe.
Richtolsheim	. . . .	Bas-Rhin.	Schlestadt.	Marckolsheim.
Richwiller	*Reichweiler*	Haut-Rhin.	Mulhouse.	Mulhouse.
Riedheim	. . . .	Bas-Rhin.	Saverne.	Bouxwiller.
Riedisheim	. . . .	Haut-Rhin.	Mulhouse.	Habsheim.
Riedseltz	*Riedseltz*	Bas-Rhin.	Wissembourg.	Wissembourg.
Riedwihr	*Riedweier*	Haut-Rhin.	Colmar.	Andolsheim.
Riespach	. . . .	Haut-Rhin.	Mulhouse.	Hirsingen.
Rimbach	. . . .	Haut-Rhin.	Belfort.	Masseveaux.
Rimbach	. . . .	Haut-Rhin.	Colmar.	Guebwiller.
Rimbach-Zell	. . . .	Haut-Rhin.	Colmar.	Guebwiller.
Rimeling	*Rimlingen*	Moselle.	Sarreguemines.	Volmunster.
Rimsdorf	. . . .	Bas-Rhin.	Saverne.	Saar-Union.
Ringeldorf	. . . .	Bas-Rhin.	Saverne.	Hochfelden.
Ringendorf	. . . .	Bas-Rhin.	Saverne.	Hochfelden.
Riquewihr	*Reichenweier*	Haut-Rhin.	Colmar.	Kaysersberg.
Rittershoffen	*Rittershofen*	Bas-Rhin.	Wissembourg.	Soultz-sous-Forêts.
Rixheim	. . . .	Haut-Rhin.	Mulhouse.	Habsheim.
Rochonvillers	*Ruxweiler*	Moselle.	Thionville.	Cattenom.
Rodalbe	*Rodalben*	Meurthe.	Château-Salins.	Albestroff.
Rodemack	*Rodemachern*	Moselle.	Thionville.	Cattenom.
Roderen	*Rodern* (*Hohrodern*)	Haut-Rhin.	Belfort.	Thann.
Roderen	*Rodern*	Haut-Rhin.	Colmar.	Ribeauvillé.
Rœdersdorff	*Rädersdorf*	Haut-Rhin.	Mulhouse.	Ferrette.
Rœdersheim	*Rädersheim*	Haut-Rhin.	Colmar.	Soultz.
Rœschwoog	*Röschwoog*	Bas-Rhin.	Strasbourg.	Bischwiller.
Roggenhausen	. . . .	Haut-Rhin.	Colmar.	Ensisheim.

LOCALITÉS		BEZIRK	KREIS	KANTON
NOM ALLEMAND	NOM DIFFÉRENT en français	(DÉPARTEMENT)	(CERCLE)	(CANTON)
Reimelingen	*Réméling*	Lothringen.	Diedenhofen.	Sierck.
Reimeringen	*Reimering*	Lothringen.	Bolchen.	Busendorf.
Reimersweiler	*Reimerswiller*	Unter-Elsass.	Weissenburg.	Sulz unterm Wald.
Reinhardsmünster	*Reinhardsmunster.*	Unter-Elsass.	Zabern.	Maursmünster.
Reiningen	*Réning*	Lothringen.	Château-Salins.	Albesdorf.
Reiningen		Ober-Elsass.	Mülhausen.	Mülhausen-Nord.
Reipertsweiler	*Reipertswiller*	Unter-Elsass.	Zabern.	Lützelstein.
Reitweiler	*Reitwiller*	Unter-Elsass.	Strassburg.	Truchtersheim.
Remelfangen	*Rémelfang*	Lothringen.	Bolchen.	Busendorf.
Remelfingen	*Rémelfing*	Lothringen.	Saargemünd.	Saargemünd.
Remeringen	*Rémering*	Lothringen.	Forbach.	Saaralben.
Rémilly		Lothringen.	Metz.	Pange.
Retonféy	*Rétonfey*	Lothringen.	Metz.	Pange.
Retschweiler	*Retschwiller*	Unter-Elsass.	Weissenburg.	Sulz unterm Wald.
Rettel		Lothringen.	Diedenhofen.	Sierck.
Retzweiler	*Retzwiller*	Ober-Elsass.	Altkirch.	Dammerkirch.
Reutenburg	*Reutenbourg*	Unter-Elsass.	Zabern.	Maursmünster.
Rexingen		Unter-Elsass.	Zabern.	Drulingen.
Reyersweiler	*Reyerswiller*	Lothringen.	Saargemünd.	Bitsch.
Rezonville		Lothringen.	Metz.	Gorze.
Rheinau	*Rhinau*	Unter-Elsass.	Erstein.	Benfeld.
Richeval		Lothringen.	Saarburg.	Rixingen.
Richlingen	*Richling* ou *Richeling*	Lothringen.	Forbach.	Saaralben.
Richtolsheim		Unter-Elsass.	Schlettstadt.	Markolsheim.
Riedheim		Unter-Elsass.	Zabern.	Buchsweiler.
Rieding	*Réding*	Lothringen.	Saarburg.	Saarburg.
Riedisheim		Ober-Elsass.	Mülhausen.	Habsheim.
Riedselz	*Riedseltz*	Unter-Elsass.	Weissenburg.	Weissenburg.
Riedweier	*Riedwihr*	Ober-Elsass.	Colmar.	Andolsheim.
Riespach		Ober-Elsass.	Altkirch.	Hirsingen.
Rimbach		Ober-Elsass.	Gebweiler.	Gebweiler.
Rimbach		Ober-Elsass.	Thann.	Masmünster.
Rimbach-Zell		Ober-Elsass.	Gebweiler.	Gebweiler.
Rimlingen	*Rimeling*	Lothringen.	Saargemünd.	Wolmünster.
Rimsdorf		Unter-Elsass.	Zabern.	Saarunion.
Ringeldorf		Unter-Elsass.	Strassburg.	Hochfelden.
Ringendorf		Unter-Elsass.	Strassburg.	Hochfelden.
Rittershofen	*Rittershoffen*	Unter-Elsass.	Weissenburg	Sulz unterm Wald.
Ritzingen	*Rassange*	Lothringen.	Diedenhofen.	Sierck.
Rixheim		Ober-Elsass.	Mülhausen.	Habsheim.
Rixingen	*Réchicourt-le-Château*	Lothringen.	Saarburg	Rixingen.
Rodalben	*Rodalbe*	Lothringen.	Château-Salins.	Albesdorf.
Rodemachern	*Rodemack*	Lothringen.	Diedenhofen.	Kattenhofen.
Rodern	*Roderen*	Ober-Elsass.	Rappoltsweiler.	Rappoltsweiler.
Rodern (Hohrodern)	*Roderen*	Ober-Elsass.	Thann.	Thann.
Rodt	*Rhodes*	Lothringen.	Saarburg	Saarburg.
Rörchingen	*Rarange*	Lothringen.	Diedenhofen.	Metzerwiese.
Röschwoog	*Rœschwoog*	Unter-Elsass.	Hagenau.	Bischweiler.
Roggenhausen		Ober-Elsass.	Gebweiler.	Ensisheim.
Rohr		Unter-Elsass.	Strassburg.	Truchtersheim.

LOCALITÉS — NOM FRANÇAIS	NOM DIFFÉRENT en allemand	DÉPARTEMENT	ARRONDISSEMENT	CANTON
Rohr		Bas-Rhin.	Strasbourg.	Truchtersheim.
Rohrwiller	*Rohrweiler*	Bas-Rhin.	Strasbourg.	Bischwiller.
Rolbing	*Rolbingen*	Moselle.	Sarreguemines.	Volmunster.
Romagny	*Willern*	Haut-Rhin.	Belfort.	Dannemarie.
Romanswiller	*Romansweiler*	Bas-Rhin.	Strasbourg.	Wasselonne.
Rombas	*Rombach*	Moselle.	Briey.	Briey.
Romécourt		Meurthe.	Sarrebourg.	Albestroff.
Romelfing	*Rommelfingen*	Meurthe.	Sarrebourg.	Fénétrange.
Roncourt		Moselle.	Briey.	Briey.
Roppenheim		Bas-Rhin.	Strasbourg.	Bischwiller.
Roppentzwiller	*Roppentzweiler*	Haut-Rhin.	Mulhouse.	Ferrette.
Roppewiller	*Roppweiler*	Moselle.	Sarreguemines.	Bitche.
Rorbach	*Rohrbach*	Meurthe.	Château-Salins.	Dieuze.
Rorbach	*Rohrbach*	Moselle.	Sarreguemines.	Rorbach.
Rorschwihr	*Rohrschweier*	Haut-Rhin.	Colmar.	Ribeauvillé.
Rosbruck	*Rossbrücken*	Moselle.	Sarreguemines.	Forbach.
Rosenau		Haut-Rhin.	Mulhouse.	Huningue.
Rosenwiller	*Rosenweiler*	Bas-Rhin.	Schlestadt.	Rosheim.
Rosheim		Bas-Rhin.	Schlestadt.	Rosheim.
Rosselange	*Rosslingen*	Moselle.	Thionville.	Thionville.
Rossfeld		Bas-Rhin.	Schlestadt.	Benfeld.
Rosteig		Bas-Rhin.	Saverne.	La Petite-Pierre.
Roth	*Roll*	Bas-Rhin.	Wissembourg.	Wissembourg.
Rothau		Vosges.	St-Dié.	Schirmeck.
Rothbach		Bas-Rhin.	Wissembourg.	Niederbronn.
Rottelsheim		Bas-Rhin.	Strasbourg.	Brumath.
Rouffach	*Rufach*	Haut-Rhin.	Colmar.	Rouffach.
Rouhling	*Ruhlingen*	Moselle.	Sarreguemines.	Sarreguemines.
Roupeldange	*Ruplingen*	Moselle.	Metz.	Boulay.
Roussy-le-Village	*Rüttgen*	Moselle.	Thionville.	Cattenom.
Rozérieulles		Moselle.	Metz.	Gorze.
Ruederbach	*Rüderbach*	Haut-Rhin.	Mulhouse.	Hirsingen.
Ruelisheim	*Rülisheim*	Haut-Rhin.	Mulhouse.	Habsheim.
Ruestenhart	*Rüstenhart*	Haut-Rhin.	Colmar.	Ensisheim.
Rumersheim		Bas-Rhin.	Strasbourg.	Truchtersheim.
Rumersheim		Haut-Rhin.	Colmar.	Ensisheim.
Runtzenheim	*Runzenheim*	Bas-Rhin.	Strasbourg.	Bischwiller.
Rurange	*Rörchingen*	Moselle.	Thionville.	Metzerwisse.
Russ		Vosges.	St-Dié.	Schirmeck.
Russange	*Ritzingen*	Moselle.	Thionville.	Longwy.

S

LOCALITÉS — NOM FRANÇAIS	NOM DIFFÉRENT en allemand	DÉPARTEMENT	ARRONDISSEMENT	CANTON
Saales		Vosges.	St-Dié.	Saales.
Saar-Union	*Saarunion*	Bas-Rhin.	Saverne.	Saar-Union.
Saarwerden (Vieux-)	*Saarwerden*	Bas-Rhin.	Saverne.	Saar-Union.
Saasenheim		Bas-Rhin.	Schlestadt.	Marckolsheim.
Sablon (Le)	*Sablon*	Moselle.	Metz.	Metz.
Sassolsheim	*Sasolsheim*	Bas-Rhin.	Saverne.	Hochfelden.
Sailly		Moselle.	Metz.	Verny.
Saint-Amarin		Haut-Rhin.	Belfort.	St-Amarin.
Saint-Avold		Moselle.	Sarreguemines.	St-Avold.
Sainte-Barbe		Moselle.	Metz.	Vigy.
Saint-Bernard		Moselle.	Thionville.	Bouzonville.
Saint-Blaise-la-Roche	*Saint Blaise*	Vosges.	St-Dié.	Saales.

LOCALITÉS — NOM ALLEMAND	LOCALITÉS — NOM DIFFÉRENT en français	BEZIRK (DÉPARTEMENT)	KREIS (CERCLE)	KANTON (CANTON)
Rohrbach	*Rorbach*	Lothringen.	Château-Salins.	Dieuze.
Rohrbach	*Rorbach*	Lothringen.	Saargemünd.	Rohrbach.
Rohrschweiler	*Rorschwihr.*	Ober-Elsass.	Rappoltsweiler.	Rappoltsweiler.
Rohrweiler	*Rohrwiller*	Unter-Elsass.	Hagenau.	Bischweiler.
Rolbingen	*Rolbing*	Lothringen.	Saargemünd.	Wolmünster.
Rollingen	*Raville.*	Lothringen.	Metz.	Pange.
Romansweiler	*Romanswiller.*	Unter-Elsass.	Molsheim.	Wasselnheim.
Rombach	*Rombas*	Lothringen.	Metz.	Metz.
Rommelfingen	*Romelfing*	Lothringen.	Saarburg.	Finstingen.
Roncourt		Lothringen.	Metz.	Metz.
Roppenheim		Unter-Elsass.	Hagenau.	Bischweiler.
Roppenzweiler	*Roppentzwiller*	Ober-Elsass.	Altkirch.	Pfirt.
Roppweiler	*Roppewiller*	Lothringen.	Saargemünd.	Bitsch.
Rosenau		Ober-Elsass.	Mülhausen.	Hüningen.
Rosenweiler	*Rosenwiller*	Unter-Elsass.	Molsheim.	Rosheim.
Rosheim		Unter-Elsass.	Molsheim.	Rosheim.
Rossbrücken	*Rosbruck.*	Lothringen.	Forbach.	Forbach.
Rossfeld		Unter-Elsass.	Erstein.	Benfeld.
Rosslingen	*Rosselange.*	Lothringen.	Diedenhofen.	Diedenhofen.
Rosteig		Unter-Elsass.	Zabern.	Lützelstein.
Rothau		Unter-Elsass.	Molsheim.	Schirmeck.
Rothbach		Unter-Elsass.	Hagenau.	Niederbronn.
Rothendorf	*Châteaurouge.*	Lothringen.	Bolchen.	Busendorf.
Rott	*Roth*	Unter-Elsass.	Weissenburg.	Weissenburg.
Rottelsheim		Unter-Elsass.	Strassburg.	Brumath.
Rozérieulles		Lothringen.	Metz.	Gorze.
Rüderbach	*Ruederbach.*	Ober-Elsass.	Altkirch.	Hirsingen.
Rülisheim	*Ruelisheim*	Ober-Elsass.	Mülhausen.	Habsheim.
Rüsdorf		Lothringen.	Diedenhofen.	Sierck.
Rüssingen		Lothringen.	Diedenhofen.	Fentsch.
Rüstenhart	*Ruestenhart*	Ober-Elsass.	Gebweiler.	Ensisheim.
Rüttgen	*Roussy-le-Village*	Lothringen.	Diedenhofen.	Kattenhofen.
Rufach	*Rouffach*	Ober-Elsass.	Gebweiler.	Rufach.
Ruhlingen	*Rouhling*	Lothringen.	Saargemünd.	Saargemünd.
Rumersheim		Ober-Elsass.	Gebweiler.	Ensisheim.
Rumersheim		Unter-Elsass.	Strassburg.	Truchtersheim.
Runzenheim	*Runtzenheim*	Unter-Elsass.	Hagenau.	Bischweiler.
Ruplingen	*Roupeldange*	Lothringen.	Bolchen.	Bolchen.
Russ		Unter-Elsass.	Molsheim.	Schirmeck.
Ruxweiler	*Rochonvillers*	Lothringen.	Diedenhofen.	Kattenhofen.

S

LOCALITÉS — NOM ALLEMAND	LOCALITÉS — NOM DIFFÉRENT en français	BEZIRK (DÉPARTEMENT)	KREIS (CERCLE)	KANTON (CANTON)
Saales		Unter-Elsass.	Molsheim.	Saales.
Saaralben	*Sarralbe*	Lothringen.	Forbach.	Saaralben.
Saaraltdorf	*Sarraltroff*	Lothringen.	Saarburg.	Finstingen.
Saarburg	*Sarrebourg.*	Lothringen.	Saarburg.	Saarburg.
Saareinsberg	*Sarreinsberg*	Lothringen.	Saargemünd.	Bitsch.
Saareinsmingen	*Sarreinsming.*	Lothringen.	Saargemünd.	Saargemünd.
Saargemünd	*Sarreguemines*	Lothringen.	Saargemünd.	Saargemünd.
Saarunion	*Saar-Union*	Unter-Elsass.	Zabern.	Saarunion.
Saarwerden	*Saarwerden (Vieux-)*	Unter-Elsass.	Zabern.	Saarunion.
Saasenheim		Unter-Elsass.	Schlettstadt.	Markolsheim.
Sablon	*Sablon (Le).*	Lothringen.	Metz.	Metz.

LOCALITÉS		DÉPARTEMENT	ARRONDISSEMENT	CANTON
NOM FRANÇAIS	NOM DIFFÉRENT en allemand			
Saint-Côme.	*Sankt Cosman* . .	Haut-Rhin.	Belfort.	Fontaine.
Sainte-Croix-aux-Mines.	*Sankt Kreuz im Lebertkal.*	Haut-Rhin.	Colmar.	Ste-Marie-aux-Mines.
Sainte-Croix-en-Plaine.	*Heilig-Kreuz* . . .	Haut-Rhin.	Colmar.	Colmar.
Saint-Epvre.	. . . .	Meurthe.	Château-Salins.	Delme.
Saint-François	*Sankt Franz* . . .	Moselle.	Thionville.	Bouzonville.
Saint-George	*Sankt Georg* . . .	Meurthe.	Sarrebourg.	Réchicourt.
Saint-Hippolyte	*Sankt Pilt*	Haut-Rhin.	Colmar.	Ribeauvillé.
Saint-Jean-de-Bassel. .	*Sankt Johann von Bassel*	Meurthe.	Sarrebourg.	Fénétrange.
Saint-Jean-de-Courtzerode.	*Sankt Johann-Kurzerode.*	Meurthe.	Sarrebourg.	Phalsbourg.
Saint-Jean-des-Choux. .	*Sankt Johann bei Zabern.*	Bas-Rhin.	Saverne.	Saverne.
Saint-Jean-Rorbach . .	*Johanns-Rohrbach.*	Moselle.	Sarreguemines.	Sarralbe.
Saint-Julien-lès-Metz .	*Saint Julien bei Metz.*	Moselle.	Metz.	Metz.
Saint-Jure	. . . .	Moselle.	Metz.	Verny.
Saint-Louis.	. . . .	Meurthe.	Sarrebourg.	Phalsbourg.
Saint-Louis.	*Sankt Ludwig* . .	Haut-Rhin.	Mulhouse.	Huningue.
Saint-Louis.	*Münzthal-Saint Louis*	Moselle.	Sarreguemines.	Bitche.
Sainte-Marie-aux-Chênes	. . . .	Moselle.	Briey.	Briey.
Sainte-Marie-aux-Mines	*Markirch.*	Haut-Rhin.	Colmar.	Ste-Marie-aux-Mines.
Saint-Martin	. . . .	Bas-Rhin.	Schlestadt.	Villé.
Saint-Maurice	*Sankt Moritz.* . .	Bas-Rhin.	Schlestadt.	Villé.
Saint-Médard	. . . .	Meurthe.	Château-Salins.	Dieuze.
Saint-Nabor	. . . .	Bas-Rhin.	Schlestadt.	Rosheim.
Saint-Pierre	*Sankt Peter* . . .	Bas-Rhin.	Schlestadt.	Barr.
Saint-Pierre-Bois . . .	*Sankt Peterholz* .	Bas-Rhin.	Schlestadt.	Villé.
Saint-Privat-la-Montagne	*Saint Privat* . . .	Moselle.	Briey.	Briey.
Saint-Quirin	. . . .	Meurthe.	Sarrebourg.	Lorquin.
Sainte-Ruffine.	. . . .	Moselle.	Metz.	Gorze.
Saint-Ulrich	. . . .	Haut-Rhin.	Mulhouse.	Hirsingen.
Salenthal.	. . . .	Bas-Rhin.	Saverne.	Marmoutier.
Salival.	. . . .	Meurthe.	Château-Salins.	Château-Salins.
Salmbach.	. . . .	Bas-Rhin.	Wissembourg.	Lauterbourg.
Salonne	*Salonnes.*	Meurthe.	Château-Salins.	Château-Salins.
Sand.	. . . .	Bas-Rhin.	Schlestadt.	Benfeld.
Sanry-lès-Vigy	*Sanry bei Vigy.* .	Moselle.	Metz.	Vigy.
Sanry-sur-Nied	*Sanry an der Nied.*	Moselle.	Metz.	Pange.
Sarralbe	*Saaralben*	Moselle.	Sarreguemines.	Sarralbe.
Sarraltroff	*Saaralltdorf.* . . .	Meurthe.	Sarrebourg.	Fénétrange.
Sarrebourg	*Saarburg.*	Meurthe.	Sarrebourg.	Sarrebourg.
Sarreguemines	*Saargemünd* . . .	Moselle.	Sarreguemines.	Sarreguemines.
Sarreinsberg	*Saareinsberg* . . .	Moselle.	Sarreguemines.	Bitche.
Sarreinsming	*Saareinsmingen.* . .	Moselle.	Sarreguemines.	Sarreguemines.
Sauloy.	. . . .	Moselle.	Metz.	Metz.
Saulxures	. . . .	Vosges.	St-Dié.	Saales.
Sausheim.	. . . .	Haut-Rhin.	Mulhouse.	Habsheim.
Saverne	*Zabern.*	Bas-Rhin.	Saverne.	Saverne.
Schæffersheim.	*Schäffersheim.* . .	Bas-Rhin.	Schlestadt	Erstein.

LOCALITÉS — NOM ALLEMAND	LOCALITÉS — NOM DIFFÉRENT en français	BEZIRK (DÉPARTEMENT)	KREIS (CERCLE)	KANTON (CANTON)
Säsolsheim	*Sæssolsheim*	Unter-Elsass.	Strassburg.	Hochfelden.
Sailly		Lothringen.	Metz.	Verny.
Saint Amarin		Ober-Elsass.	Thann.	St Amarin.
Saint Avold		Lothringen.	Forbach.	St Avold.
Sainte Barbe		Lothringen.	Metz.	Vigy.
Saint Bernard		Lothringen.	Bolchen.	Busendorf.
Saint Blaise	*Saint-Blaise-la-Roche*	Unter-Elsass.	Molsheim.	Saales.
Saint Epvre		Lothringen.	Château-Salins.	Delme.
Saint Julien bei Metz	*Saint-Julien-lès-Metz*	Lothringen.	Metz.	Metz.
Saint Jure		Lothringen.	Metz.	Verny.
Saint Louis		Lothringen.	Saarburg.	Pfalzburg.
Sainte Marie-aux-Chênes		Lothringen.	Metz.	Metz.
Saint Martin		Unter-Elsass.	Schlettstadt.	Weiler.
Saint Médard		Lothringen.	Château-Salins.	Dieuze.
Saint Nabor		Unter-Elsass.	Molsheim.	Rosheim.
Saint Privat	*Saint-Privat-la-Montagne*	Lothringen.	Metz.	Metz.
Saint Quirin		Lothringen.	Saarburg.	Lörchingen.
Sainte Ruffine		Lothringen.	Metz.	Gorze.
Salenthal		Unter-Elsass.	Zabern.	Maursmünster.
Salmbach		Unter-Elsass.	Weissenburg.	Lauterburg.
Salonnes	*Salonne*	Lothringen.	Château-Salins.	Château-Salins.
Sand		Unter-Elsass.	Erstein.	Benfeld.
Sankt Cosman	*Saint-Côme*	Ober-Elsass.	Altkirch.	Dammerkirch.
Sankt Franz	*Saint-François*	Lothringen.	Bolchen.	Busendorf.
Sankt Georg	*Saint-George*	Lothringen.	Saarburg.	Rixingen.
Sankt Johann bei Zabern	*Saint-Jean-des-Choux*	Unter-Elsass.	Zabern.	Zabern.
Sankt Johann-Kurzerode	*Saint-Jean-de-Courtzerode*	Lothringen.	Saarburg.	Pfalzburg.
Sankt Johann von Bassel	*Saint-Jean-de-Bassel*	Lothringen.	Saarburg.	Finstingen.
Sankt Kreuz im Leberthal	*Sainte-Croix-aux-Mines*	Ober-Elsass.	Rappoltsweiler.	Markirch.
Sankt Ludwig	*Saint-Louis*	Ober-Elsass.	Mülhausen.	Hüningen.
Sankt Moritz	*Saint-Maurice*	Unter-Elsass.	Schlettstadt.	Weiler.
Sankt Peter	*Saint-Pierre*	Unter-Elsass.	Schlettstadt.	Barr.
Sankt Petersholz	*Saint-Pierre-Bois*	Unter-Elsass.	Schlettstadt.	Weiler.
Sankt Pilt	*Saint-Hippolyte*	Ober-Elsass.	Rappoltsweiler.	Rappoltsweiler.
Sankt Ulrich		Ober-Elsass.	Altkirch.	Hirsingen.
Sanry an der Nied	*Sanry-sur-Nied*	Lothringen.	Metz.	Pange.
Sanry bei Vigy	*Sanry-lès-Vigy*	Lothringen.	Metz.	Vigy.
Saulny		Lothringen.	Metz.	Metz.
Saulxures		Unter-Elsass.	Molsheim.	Saales.
Sausheim		Ober-Elsass.	Mülhausen.	Habsheim.
Schäffersheim	*Schæffersheim*	Unter-Elsass.	Erstein.	Erstein.
Schaffhausen		Unter-Elsass.	Strassburg.	Hochfelden.

LOCALITÉS		DÉPARTEMENT	ARRONDISSEMENT	CANTON
NOM FRANÇAIS	NOM DIFFÉRENT en allemand			
Schaffhausen		Bas-Rhin.	Saverne.	Hochfelden.
Schaffhausen		Bas-Rhin.	Wissembourg.	Seltz.
Schalbach		Meurthe.	Sarrebourg.	Fénétrange.
Schalckendorf	*Schalkendorf*	Bas-Rhin.	Saverne.	Bouxwiller.
Scharrachbergheim		Bas-Rhin.	Strasbourg.	Wasselonne.
Scheibenhard		Bas-Rhin.	Wissembourg.	Lauterbourg.
Scherlenheim		Bas-Rhin.	Saverne.	Hochfelden.
Scherrwiller	*Scherweiler*	Bas-Rhin.	Schlestadt.	Schlestadt.
Schillersdorf		Bas-Rhin.	Saverne.	Bouxwiller.
Schiltigheim *ou* Schilick		Bas-Rhin.	Strasbourg.	Schiltigheim.
Schirhoffen	*Schirrhofen*	Bas-Rhin.	Strasbourg.	Bischwiller.
Schirmeck		Vosges.	St-Dié.	Schirmeck.
Schirrhein		Bas-Rhin.	Strasbourg.	Bischwiller.
Schleithal		Bas-Rhin.	Wissembourg.	Lauterbourg.
Schlestadt *ou* Sélestat	*Schlettstadt*	Bas-Rhin.	Schlestadt.	Schlestadt.
Schlierbach		Haut-Rhin.	Mulhouse.	Landser.
Schmittwiller	*Schmittweiler*	Moselle.	Sarreguemines.	Rorbach.
Schneckenbusch		Meurthe.	Sarrebourg.	Sarrebourg.
Schnersheim		Bas-Rhin.	Strasbourg.	Truchtersheim.
Schœnau	*Schönau*	Bas-Rhin.	Schlestadt.	Marckolsheim.
Schœnbourg	*Schönburg*	Bas-Rhin.	Saverne.	La Petite-Pierre.
Schœnenbourg	*Schönenburg*	Bas-Rhin.	Wissembourg.	Soultz-s.-Forêts.
Schopperten		Bas-Rhin.	Saverne.	Saar-Union.
Schorbach		Moselle.	Sarreguemines.	Bitche.
Schrémange	*Schremingen*	Moselle.	Thionville.	Thionville.
Schwabwiller	*Schwabweiler*	Bas-Rhin.	Wissembourg.	Soultz-sous-Forêts.
Schweighausen		Bas-Rhin.	Strasbourg.	Haguenau.
Schweighausen		Haut-Rhin.	Belfort.	Cernay.
Schweinheim		Bas-Rhin.	Saverne.	Marmoutier.
Schwerdorff	*Schwerdorf*	Moselle.	Thionville.	Bouzonville.
Schwindratzheim		Bas-Rhin.	Saverne.	Hochfelden.
Schwoben		Haut-Rhin.	Mulhouse.	Altkirch.
Schwobsheim		Bas-Rhin.	Schlestadt.	Marckolsheim.
Scy		Moselle.	Metz.	Metz.
Secourt		Moselle.	Metz.	Verny.
Seingbousse	*Sengbusch*	Moselle.	Sarreguemines.	St-Avold.
Seltz	*Selz*	Bas-Rhin.	Wissembourg.	Seltz.
Semécourt		Moselle.	Metz.	Metz.
Sentheim		Haut-Rhin.	Belfort.	Massevaux.
Sentzich		Moselle.	Thionville.	Cattenom.
Seppois-le-Bas	*Niedersept*	Haut-Rhin.	Mulhouse.	Hirsingen.
Seppois-le-Haut	*Obersept*	Haut-Rhin.	Mulhouse.	Hirsingen.
Sermersheim		Bas-Rhin.	Schlestadt.	Benfeld.
Servigny-lès-Raville		Moselle.	Metz.	Pange.
Servigny-lès-Ste-Barbe	*Servigny bei Sainte Barbe*	Moselle.	Metz.	Vigy.
Sessenheim	*Sesenheim*	Bas-Rhin.	Strasbourg.	Bischwiller.
Sewen		Haut-Rhin.	Belfort.	Massevaux.
Sickert		Haut-Rhin.	Belfort.	Massevaux.
Siegen		Bas-Rhin.	Wissembourg.	Seltz.
Sierck		Moselle.	Thionville.	Sierck.
Sierentz	*Sierenz*	Haut-Rhin.	Mulhouse.	Landser.
Siersthal		Moselle.	Sarreguemines.	Rorbach.
Siewiller	*Sieweiler*	Bas-Rhin.	Saverne.	Drulingen.

LOCALITÉS		BEZIRK	KREIS	KANTON
NOM ALLEMAND	NOM DIFFÉRENT en français	(DÉPARTEMENT)	(CERCLE)	(CANTON)
Schaffhausen		Unter-Elsass.	Weissenburg.	Selz.
Schaffnatt am Weiher	*Chavanne-sur-l'Étang*	Ober-Elsass.	Altkirch.	Dammerkirch.
Schalbach		Lothringen.	Saarburg.	Finstingen.
Schalkendorf	*Schalckendorf*	Unter-Elsass.	Zabern.	Buchsweiler.
Scharrachbergheim		Unter-Elsass.	Molsheim.	Wasselnheim.
Scheibenhard		Unter-Elsass.	Weissenburg.	Lauterburg.
Schemerich	*Chémery (Les Deux-)*	Lothringen.	Bolchen.	Busendorf.
Scherlenheim		Unter-Elsass.	Strassburg.	Hochfelden.
Scherweiler	*Scherwiller*	Unter-Elsass.	Schlettstadt.	Schlettstadt.
Schillersdorf		Unter-Elsass.	Zabern.	Buchsweiler.
Schiltigheim	*Schiltigheim* ou *Schilick*	Unter-Elsass.	Strassburg.	Schiltigheim.
Schirmeck		Unter-Elsass.	Molsheim.	Schirmeck.
Schirrhein		Unter-Elsass.	Hagenau.	Bischweiler.
Schirrhofen	*Schirrhoffen*	Unter-Elsass.	Hagenau.	Bischweiler.
Schleithal		Unter-Elsass.	Weissenburg.	Weissenburg.
Schlettstadt	*Schlestadt* ou *Sélestat*	Unter-Elsass.	Schlettstadt.	Schlettstadt.
Schlierbach		Ober-Elsass.	Mülhausen.	Landser.
Schmittweiler	*Schmittwiller*	Lothringen.	Saargemünd.	Rohrbach.
Schneckenbusch		Lothringen.	Saarburg.	Saarburg.
Schnersheim		Unter-Elsass.	Strassburg.	Truchtersheim.
Schnierlach	*Poutroye (La)*	Ober-Elsass.	Rappoltsweiler.	Schnierlach.
Schönau	*Schœnau*	Unter-Elsass.	Schlettstadt.	Markolsheim.
Schönburg	*Schœnbourg*	Unter-Elsass.	Zabern.	Lützelstein.
Schönenburg	*Schœnenbourg*	Unter-Elsass.	Weissenburg.	Sulz unterm Wald.
Schopperten		Unter-Elsass.	Zabern.	Saarunion.
Schorbach		Lothringen.	Saargemünd.	Bitsch.
Schremingen	*Schrémange*	Lothringen.	Diedenhofen.	Diedenhofen.
Schwabweiler	*Schwabwiller*	Unter-Elsass.	Weissenburg.	Sulz unterm Wald.
Schweighausen		Unter-Elsass.	Hagenau.	Hagenau.
Schweighausen		Ober-Elsass.	Thann.	Sennheim.
Schweinheim		Unter-Elsass.	Zabern.	Maursmünster.
Schweixingen		Lothringen.	Saarburg.	Saarburg.
Schwerdorf	*Schwerdorff*	Lothringen.	Bolchen.	Busendorf.
Schweyen		Lothringen.	Saargemünd.	Wolmünster.
Schwindratzheim		Unter-Elsass.	Strassburg.	Hochfelden.
Schwoben		Ober-Elsass.	Altkirch.	Altkirch.
Schwobsheim		Unter-Elsass.	Schlettstadt.	Markolsheim.
Scy		Lothringen.	Metz.	Metz.
Secourt		Lothringen.	Metz.	Verny.
Selz	*Seltz*	Unter-Elsass.	Weissenburg.	Selz.
Semécourt		Lothringen.	Metz.	Metz.
Sengbusch	*Seingbousse*	Lothringen.	Forbach.	St Avold.
Sennheim	*Cernay*	Ober-Elsass.	Thann.	Sennheim.
Sentheim		Ober-Elsass.	Thann.	Masmünster.
Sentzich		Lothringen.	Diedenhofen.	Kattenhofen.
Sermersheim		Unter-Elsass.	Erstein.	Benfeld.
Servigny bei Sainte Barbe	*Servigny-lès-Sainte-Barbe*	Lothringen.	Metz.	Vigy.
Sesenheim	*Sessenheim*	Unter-Elsass.	Hagenau.	Bischweiler.
Settingen	*Zetting*	Lothringen.	Saargemünd.	Saargemünd.

LOCALITÉS		DÉPARTEMENT	ARRONDISSEMENT	CANTON
NOM FRANÇAIS	NOM DIFFÉRENT en allemand			
Sigolsheim		Haut-Rhin.	Colmar.	Kaysersberg.
Sillegny		Moselle.	Metz.	Verny.
Silly-en-Saulnois		Moselle.	Metz.	Verny.
Silly-sur-Nied	*Sillers*	Moselle.	Metz.	Pange.
Siltzheim	*Silzheim*	Bas-Rhin.	Saverne.	Saar-Union.
Singrist		Bas-Rhin.	Saverne.	Marmoutier.
Solbach		Bas-Rhin.	Schlestadt.	Villé.
Solgne		Moselle.	Metz.	Verny.
Sondernach		Haut-Rhin.	Colmar.	Munster.
Sondersdorff	*Sondersdorf*	Haut-Rhin.	Mulhouse.	Ferrette.
Soppe-le-Bas	*Niedersulzbach*	Haut-Rhin.	Belfort.	Massevaux.
Soppe-le-Haut		Haut-Rhin.	Belfort.	Massevaux.
Sorbey		Moselle.	Metz.	Pange.
Sotzeling		Meurthe.	Château-Salins.	Château-Salins.
Soucht	*Sucht*	Moselle.	Sarreguemines.	Rorbach.
Souffelweyersheim	*Suffelweyersheim*	Bas-Rhin.	Strasbourg.	Schiltigheim.
Soufflenheim	*Sufflenheim*	Bas-Rhin.	Strasbourg.	Bischwiller.
Soultz	*Sulz*	Haut-Rhin.	Colmar.	Soultz.
Soultzbach	*Sulzbach*	Haut-Rhin.	Colmar.	Munster.
Soultz-les-Bains	*Sulzbad*	Bas-Rhin.	Strasbourg.	Molsheim.
Soultzmatt	*Sulzmatt*	Haut-Rhin.	Colmar.	Rouffach.
Soultz-sous-Forêts	*Sulz unterm Wald.*	Bas-Rhin.	Wissembourg.	Soultz-sous-Forêts.
Sparsbach		Bas-Rhin.	Saverne.	La Petite-Pierre.
Spechbach-le-Bas	*Niederspechbach*	Haut-Rhin.	Mulhouse.	Altkirch.
Spechbach-le-Haut	*Oberspechbach*	Haut-Rhin.	Mulhouse.	Altkirch.
Spickeren	*Spichern*	Moselle.	Sarreguemines.	Forbach.
Staffelfelden		Haut-Rhin.	Belfort.	Cernay.
Stattmatten		Bas-Rhin.	Strasbourg.	Bischwiller.
Steige		Bas-Rhin.	Schlestadt.	Villé.
Steinbach		Haut-Rhin.	Belfort.	Cernay.
Steinbourg	*Steinburg*	Bas-Rhin.	Saverne.	Saverne.
Steinbrunn-le-Bas	*Niedersteinbrunn*	Haut-Rhin.	Mulhouse.	Landser.
Steinbrunn-le-Haut	*Obersteinbrunn*	Haut-Rhin.	Mulhouse.	Landser.
Steinseltz	*Steinselz*	Bas-Rhin.	Wissembourg.	Wissembourg.
Steinsoultz	*Steinsulz*	Haut-Rhin.	Mulhouse.	Hirsingen.
Sternenberg		Haut-Rhin.	Belfort.	Dannemarie.
Stetten		Haut-Rhin.	Mulhouse.	Landser.
Still		Bas-Rhin.	Strasbourg.	Molsheim.
Storckenschn	*Storkensauen*	Haut-Rhin.	Belfort.	St-Amarin.
Stosswihr	*Stossweier*	Haut-Rhin.	Colmar.	Munster.
Stotzheim		Bas-Rhin.	Schlestadt.	Benfeld.
Strasbourg	*Strassburg*	Bas-Rhin.	Strasbourg.	Strasbourg.
Strueth	*Strüth*	Haut-Rhin.	Mulhouse.	Hirsingen.
Struth		Bas-Rhin.	Saverne.	La Petite-Pierre.
Stundwiller	*Stundweiler*	Bas-Rhin.	Wissembourg.	Seltz.
Sturzelbronn	*Stürzelbronn*	Moselle.	Sarreguemines.	Bitche.
Stutzheim	*Stützheim*	Bas-Rhin.	Strasbourg.	Truchtersheim.
Styring-Wendel	*Stieringen-Wendel.*	Moselle.	Sarreguemines.	Forbach.
Suisse (Haute- et Basse-)	*Sülzen*	Moselle.	Sarreguemines.	Gros-Tenquin.
Sultzeren	*Sulzern*	Haut-Rhin.	Colmar.	Munster.
Sundhausen		Bas-Rhin.	Schlestadt.	Marckolsheim.
Sundhoffen	*Sundhofen*	Haut-Rhin.	Colmar.	Andolsheim.

LOCALITÉS — NOM ALLEMAND	LOCALITÉS — NOM DIFFÉRENT en français	BEZIRK (DÉPARTEMENT)	KREIS (CERCLE)	KANTON (CANTON)
Sewen		Ober-Elsass.	Thann.	Masmünster.
Sickert		Ober-Elsass.	Thann.	Masmünster.
Siegen		Unter-Elsass.	Weissenburg.	Selz.
Sierck		Lothringen.	Diedenhofen.	Sierck.
Sierenz	*Sierentz*	Ober-Elsass.	Mülhausen.	Landser.
Siersthal		Lothringen.	Saargemünd.	Rohrbach.
Sieweiler	*Siewiller*	Unter-Elsass.	Zabern.	Drulingen.
Sigolsheim		Ober-Elsass.	Rappoltsweiler.	Kaysersberg.
Silbernachen		Lothringen.	Metz.	Pange.
Sillegny		Lothringen.	Metz.	Verny.
Sillers	*Silly-sur-Nied*	Lothringen.	Metz.	Pange.
Silly-en-Saulnois		Lothringen.	Metz.	Verny.
Silzheim	*Siltzheim*	Unter-Elsass.	Zabern.	Saarunion.
Singrist		Unter-Elsass.	Zabern.	Maursmünster.
Solbach		Unter-Elsass.	Molsheim.	Schirmeck.
Solgne		Lothringen.	Metz.	Verny.
Sondernach		Ober-Elsass.	Colmar.	Münster.
Sondersdorf	*Sondersdorff*	Ober-Elsass.	Altkirch.	Pfirt.
Sorbey		Lothringen.	Metz.	Pange.
Sotzeling		Lothringen.	Château-Salins.	Château-Salins.
Sparsbach		Unter-Elsass.	Zabern.	Lützelstein.
Spichern	*Spickeren*	Lothringen.	Forbach.	Forbach.
Spittel	*L'Hôpital*	Lothringen.	Forbach.	St Avold.
Staffelfelden		Ober-Elsass.	Thann.	Sennheim.
Stahlheim (1)		Lothringen.	Metz.	Metz.
Stattmatten		Unter-Elsass.	Hagenau.	Bischweiler.
Steige		Unter-Elsass.	Schlettstadt.	Weiler.
Steinbach		Ober-Elsass.	Thann.	Sennheim.
Steinbiedersdorf	*Pont-Pierre*	Lothringen.	Bolchen.	Falkenberg.
Steinburg	*Steinbourg*	Unter-Elsass.	Zabern.	Zabern.
Steinselz	*Steinseltz*	Unter-Elsass.	Weissenburg.	Weissenburg.
Steinsulz	*Steinsoultz*	Ober-Elsass.	Altkirch.	Hirsingen.
Steinthal	*Ban-de-la-Roche*	Ancien district de la Basse-Alsace (2).	Molsheim.	Schirmeck.
Sternenberg		Ober-Elsass.	Altkirch.	Dammerkirch.
Stetten		Ober-Elsass.	Mülhausen.	Landser.
Stieringen-Wendel	*Styring-Wendel*	Lothringen.	Forbach.	Forbach.
Still		Unter-Elsass.	Molsheim.	Molsheim.
Storkensauen	*Storckensohn*	Ober-Elsass.	Thann.	St Amarin.
Stossweier	*Stosswihr*	Ober-Elsass.	Colmar.	Münster.
Stotzheim		Unter-Elsass.	Schlettstadt.	Barr.
Strassburg	*Strasbourg*	Unter-Elsass.	Strassburg.	Strassburg.
Strüth	*Strueth*	Ober-Elsass.	Altkirch.	Hirsingen.
Struth		Unter-Elsass.	Zabern.	Lützelstein.
Stürzelbronn	*Sturzelbronn*	Lothringen.	Saargemünd.	Bitsch.
Stützheim	*Stutzheim*	Unter-Elsass.	Strassburg.	Truchtersheim.
Stundweiler	*Stundwiller*	Unter-Elsass.	Weissenburg.	Selz.
Sucht	*Soucht*	Lothringen.	Saargemünd.	Rohrbach.
Sülzen	*Suisse (Haute- et Basse-)*	Lothringen.	Forbach.	Grosstänchen.
Suffelweyersheim	*Souffelweyersheim*	Unter-Elsass.	Strassburg.	Schiltigheim.
Sufflenheim	*Soufflenheim*	Unter-Elsass.	Hagenau.	Bischweiler.

(1) De création récente.
(2) Pays comprenant les 8 communes du canton de Schirmeck.

LOCALITÉS — NOM FRANÇAIS	LOCALITÉS — NOM DIFFÉRENT en allemand	DÉPARTEMENT	ARRONDISSEMENT	CANTON
Surbourg	*Surburg*	Bas-Rhin.	Wissembourg.	Soultz-sous-Forêts.

T

LOCALITÉS — NOM FRANÇAIS	LOCALITÉS — NOM DIFFÉRENT en allemand	DÉPARTEMENT	ARRONDISSEMENT	CANTON
Tagolsheim		Haut-Rhin.	Mulhouse.	Altkirch.
Tagsdorff.	*Tagsdorf.*	Haut-Rhin.	Mulhouse.	Altkirch.
Talange	*Talingen*	Moselle.	Metz.	Metz.
Tarquinpol		Meurthe.	Château-Salins.	Dieuze.
Tenteling	*Tentelingen.*	Moselle.	Sarreguemines.	Forbach.
Téterchen	*Teterchen.*	Moselle.	Metz.	Boulay.
Téting	*Tetingen*	Moselle.	Metz.	Faulquemont.
Thal-Drulingen	*Thal bei Drulingen.*	Bas-Rhin.	Saverne.	Drulingen.
Thal-Marmoutier	*Thal bei Maursmünster*	Bas-Rhin.	Saverne.	Marmoutier.
Thann		Haut-Rhin.	Belfort.	Thann.
Thannenkirch		Haut-Rhin.	Colmar.	Ribeauvillé.
Thanvillé.	*Thannweiler*	Bas-Rhin.	Schlestadt.	Villé.
Théding	*Thedingen*	Moselle.	Sarreguemines.	Forbach.
Thicourt	*Diedersdorf*	Moselle.	Metz.	Faulquemont.
Thimonville		Moselle.	Metz.	Pange.
Thionville	*Diedenhofen*	Moselle.	Thionville.	Thionville.
Thonville.		Moselle.	Metz.	Faulquemont.
Tieffenbach		Bas-Rhin.	Saverne.	La Petite-Pierre.
Tincry		Meurthe.	Château-Salins.	Delme.
Torcheville		Meurthe.	Château-Salins.	Albestroff.
Trænheim	*Tränheim.*	Bas-Rhin.	Strasbourg.	Wasselonne.
Tragny.		Moselle.	Metz.	Pange.
Traubach-le-Bas.	*Niedertraubach*	Haut-Rhin.	Belfort.	Dannemarie.
Traubach-le-Haut	*Obertraubach.*	Haut-Rhin.	Belfort.	Dannemarie.
Trémery		Moselle.	Metz.	Vigy.
Tressange	*Tressingen*	Moselle.	Briey.	Audun-le-Roman.
Triembach		Bas-Rhin.	Schlestadt.	Villé.
Trimbach.		Bas-Rhin.	Wissembourg.	Seltz.
Tritteling	*Trittelingen.*	Moselle.	Metz.	Faulquemont.
Trois-Fontaines	*Dreibrunnen*	Meurthe.	Sarrebourg.	Sarrebourg.
Tromborn		Moselle.	Thionville.	Bouzonville.
Truchtersheim		Bas-Rhin.	Strasbourg.	Truchtersheim.
Turckheim	*Türkheim*	Haut-Rhin.	Colmar.	Wintzenheim.
Turquestein	*Türkstein.*	Meurthe.	Sarrebourg.	Lorquin.

LOCALITÉS		BEZIRK (DÉPARTEMENT)	KREIS (CERCLE)	KANTON (CANTON)
NOM ALLEMAND	NOM DIFFÉRENT en français			
Sultgen	*Zuffigen*	Lothringen.	Diedenhofen.	Kattenhofen.
Sulz	*Soultz*	Ober-Elsass.	Gebweiler.	Sulz.
Sulzbach	*Soultzbach*	Ober-Elsass.	Colmar.	Münster.
Sulzbad	*Soultz-les-Bains.*	Unter-Elsass.	Molsheim.	Molsheim.
Sulzern	*Sultzeren.*	Ober-Elsass.	Colmar.	Münster.
Sulzmatt	*Soultzmatt*	Ober-Elsass.	Gebweiler.	Rufach.
Sulz unterm Wald	*Soultz-sous-Forêts.*	Unter-Elsass.	Weissenburg.	Sulz unterm Wald.
Sundhausen		Unter-Elsass.	Schlettstadt.	Markolsheim.
Sundhofen	*Sundhoffen*	Ober-Elsass.	Colmar.	Andolsheim.
Surburg	*Surbourg.*	Unter-Elsass.	Weissenburg.	Sulz unterm Wald.

T

LOCALITÉS		BEZIRK (DÉPARTEMENT)	KREIS (CERCLE)	KANTON (CANTON)
Tagolsheim		Ober-Elsass.	Altkirch.	Altkirch.
Tagsdorf	*Tagsdorff.*	Ober-Elsass.	Altkirch.	Altkirch.
Talingen	*Talange*	Lothringen.	Metz.	Metz.
Tarquinpol		Lothringen.	Château-Salins.	Dieuze.
Tennschen	*Les Étangs*	Lothringen.	Metz.	Vigy.
Tentelingen	*Tenteling.*	Lothringen.	Forbach.	Forbach.
Terwen		Lothringen.	Diedenhofen.	Diedenhofen.
Teterchen	*Téterchen.*	Lothringen.	Bolchen.	Bolchen.
Tetingen	*Téting*	Lothringen.	Bolchen.	Falkenberg.
Thal bei Drulingen	*Thal-Drulingen*	Unter-Elsass.	Zabern.	Drulingen.
Thal bei Maursmünster	*Thal-Marmoutier*	Unter-Elsass.	Zabern.	Maursmünster.
Thann		Ober-Elsass.	Thann.	Thann.
Thannenkirch		Ober-Elsass.	Rappoltsweiler.	Rappoltsweiler.
Thannweiler	*Thanvillé.*	Unter-Elsass.	Schlettstadt.	Weiler.
Thedingen	*Théding*	Lothringen.	Forbach.	Forbach.
Thimonville		Lothringen.	Metz.	Pange.
Thonville.		Lothringen.	Bolchen.	Falkenberg.
Tieffenbach		Unter-Elsass.	Zabern.	Lützelstein.
Tincry		Lothringen.	Château-Salins.	Delme.
Tränheim.	*Trænheim*	Unter-Elsass.	Molsheim.	Wasselnheim.
Tragny		Lothringen.	Metz.	Pange.
Trémery		Lothringen.	Metz.	Vigy.
Tressingen	*Tressange*	Lothringen.	Diedenhofen.	Fentsch.
Triembach		Unter-Elsass.	Schlettstadt.	Weiler.
Trimbach		Unter-Elsass.	Weissenburg.	Selz.
Trittelingen	*Tritteling.*	Lothringen.	Bolchen.	Falkenberg.
Tromborn		Lothringen.	Bolchen.	Busendorf.
Truchtersheim		Unter-Elsass.	Strassburg.	Truchtersheim.
Türkheim	*Turckheim*	Ober-Elsass.	Colmar.	Winzenheim.
Türkstein	*Turquestein.*	Lothringen.	Saarburg.	Lörchingen.

LOCALITÉS — NOM FRANÇAIS	LOCALITÉS — NOM DIFFÉRENT en allemand	DÉPARTEMENT	ARRONDISSEMENT	CANTON
U				
Uberach	*Ueberach*	Bas-Rhin.	Wissembourg.	Niederbronn.
Uberkumen	*Ueberkümen*	Haut-Rhin.	Belfort.	Dannemarie
Uberstrass	*Ueberstrass*	Haut-Rhin.	Mulhouse.	Hirsingen.
Uckange	*Ueckingen*	Moselle.	Thionville.	Thionville.
Uffheim		Haut-Rhin.	Mulhouse.	Landser.
Uffholtz	*Uffholz*	Haut-Rhin.	Belfort.	Cernay.
Uhlwiller	*Uhlweiler*	Bas-Rhin.	Schlestadt.	Haguenau.
Uhrwiller	*Uhrweiler*	Bas-Rhin.	Wissembourg.	Niederbronn.
Ungersheim		Haut-Rhin.	Colmar.	Soultz.
Urbach (*Voir* Fouday).				
Urbeis		Bas-Rhin.	Schlestadt.	Villé.
Urbès	*Urbis*	Haut-Rhin.	Belfort.	St-Amarin.
Urmatt		Bas-Rhin.	Schlestadt.	Molsheim.
Urschenheim		Haut-Rhin.	Colmar.	Andolsheim.
Uttenheim		Bas-Rhin.	Schlestadt.	Erstein.
Uttenhoffen	*Uttenhofen*	Bas-Rhin.	Wissembourg.	Niederbronn.
Uttwiller	*Uttweiler*	Bas-Rhin.	Saverne.	Bouxwiller.
V				
Vahl		Meurthe.	Château-Salins.	Albestroff.
Vahlébersing	*Vahl-Ebersing*	Moselle.	Sarreguemines.	Gros-Tenquin.
Vahl-lès-Faulquemont	*Vahlen*	Moselle.	Metz.	Faulquemont.
Valdieu	*Gottesthal*	Haut-Rhin.	Belfort.	Dannemarie.
Valff	*Walf*	Bas-Rhin.	Schlestadt.	Obernai.
Vallerange	*Walleringen*	Moselle.	Sarreguemines.	Gros-Tenquin.
Vallières		Moselle.	Metz.	Metz.
Valmont	*Walmen*	Moselle.	Sarreguemines.	St-Avold.
Valmunster	*Valmünster*	Moselle.	Metz.	Boulay.
Valtembourg	*Waldenburg*	Meurthe.	Sarrebourg.	Phalsbourg.
Vannecourt		Meurthe.	Château-Salins.	Château-Salins.
Vantoux		Moselle.	Metz.	Metz.
Vany		Moselle.	Metz.	Metz.
Varize	*Waibelskirchen*	Moselle.	Metz.	Boulay.
Varsberg		Moselle.	Metz.	Boulay.
Vasperviller	*Wasperweiler*	Meurthe.	Sarrebourg.	Lorquin.
Vatimont		Moselle.	Metz.	Faulquemont.
Vaudoncourt	*Wieblingen*	Moselle.	Metz.	Pange.
Vaudreching	*Wallerchen*	Moselle.	Thionville.	Bouzonville.
Vaux		Moselle.	Metz.	Gorze.
Vaxy		Meurthe.	Château-Salins.	Château-Salins.
Veckerswiller	*Weckersweiler*	Meurthe.	Sarrebourg.	Fénétrange.
Velving	*Welwingen*	Moselle.	Metz.	Boulay.
Vendenheim		Bas-Rhin.	Strasbourg.	Brumath.
Vergaville		Meurthe.	Château-Salins.	Dieuze.
Vernéville		Moselle.	Metz.	Gorze.
Verny		Moselle.	Metz.	Verny.
Vescheim	*Weschheim*	Meurthe.	Sarrebourg.	Phalsbourg.
Veymerange	*Weimeringen*	Moselle.	Thionville.	Thionville.
Vibersviller	*Wiebersweiler*	Meurthe.	Château-Salins.	Albestroff.

LOCALITÉS — NOM ALLEMAND	LOCALITÉS — NOM DIFFÉRENT en français	BEZIRK (DÉPARTEMENT)	KREIS (CERCLE)	KANTON (CANTON)
U				
Udern	*Oudren*	Lothringen.	Diedenhofen.	Metzerwiese.
Ueberach	*Uberach*	Unter-Elsass.	Hagenau.	Niederbronn.
Ueberkümen	*Uberkumen*	Ober-Elsass.	Altkirch.	Dammerkirch.
Ueberstrass	*Uberstrass*	Ober-Elsass.	Altkirch.	Hirsingen.
Ueckingen	*Uckange*	Lothringen.	Diedenhofen.	Diedenhofen.
Uffheim	. . . .	Ober-Elsass.	Mülhausen.	Landser.
Uffholz	*Uffholtz*	Ober-Elsass.	Thann.	Sennheim.
Uhlweiler	*Uhlwiller*	Unter-Elsass.	Hagenau.	Hagenau.
Uhrweiler	*Uhrwiller*	Unter-Elsass.	Hagenau.	Niederbronn.
Ungersheim	. . . .	Ober-Elsass.	Gebweiler.	Sulz.
Urbach	*Fréland*	Ober-Elsass.	Rappoltsweiler.	Schnierlach.
Urbeis	*Orbey*	Ober-Elsass.	Rappoltsweiler.	Schnierlach.
Urbeis	. . . .	Unter-Elsass.	Schlettstadt.	Weiler.
Urbis	*Urbès*	Ober-Elsass.	Thann.	St Amarin.
Urmatt	. . . .	Unter-Elsass.	Molsheim.	Molsheim.
Urschenheim	. . . .	Ober-Elsass.	Colmar.	Andolsheim.
Uttenheim	. . . .	Unter-Elsass.	Erstein.	Erstein.
Uttenhofen	*Uttenhoffen*	Unter-Elsass.	Hagenau.	Niederbronn.
Uttweiler	*Uttwiller*	Unter-Elsass.	Zabern.	Buchsweiler.
V				
Vahl	. . . .	Lothringen.	Château-Salins.	Albesdorf.
Vahl-Ebersing	*Vahlébersing*	Lothringen.	Forbach.	Grosstänchen.
Vahlen	*Vahl-lès-Faulquemont*	Lothringen.	Bolchen.	Falkenberg.
Vallières	. . . .	Lothringen.	Metz.	Metz.
Valmünster	*Valmunster*	Lothringen.	Bolchen.	Bolchen.
Vannecourt	. . . .	Lothringen.	Château-Salins.	Château-Salins.
Vantoux	. . . .	Lothringen.	Metz.	Metz.
Vany	. . . .	Lothringen.	Metz.	Metz.
Varsberg	. . . .	Lothringen.	Bolchen.	Bolchen.
Vaux	. . . .	Lothringen.	Metz.	Gorze.
Vaxy	. . . .	Lothringen.	Château-Salins.	Château-Salins.
Vendenheim	. . . .	Unter-Elsass.	Strassburg.	Brumath.
Vergaville	. . . .	Lothringen.	Château-Salins.	Dieuze.
Vernéville	. . . .	Lothringen.	Metz.	Gorze.
Verny	. . . .	Lothringen.	Metz.	Verny.
Vic	*Vic-sur-Seille*	Lothringen.	Château-Salins.	Vic.
Vigny	. . . .	Lothringen.	Metz.	Verny.
Vigy	. . . .	Lothringen.	Metz.	Vigy.
Villers-aux-Oies	. . . .	Lothringen.	Château-Salins.	Delme.
Villers-Bettnach	. . . .	Lothringen.	Metz.	Vigy.
Villers-Stoncourt	. . . .	Lothringen.	Metz.	Pange.
Vionville	. . . .	Lothringen.	Metz.	Gorze.
Vittoncourt	. . . .	Lothringen.	Bolchen.	Falkenberg.
Viviers	. . . .	Lothringen.	Château-Salins.	Delme.
Vöklinshofen (Vöglinshofen)	*Vœglinshoffen*	Ober-Elsass.	Colmar.	Winzenheim.
Völlerdingen	*Vœllerdingen*	Unter-Elsass.	Zabern.	Saarunion.
Vogelgrün	. . . .	Ober-Elsass.	Colmar.	Neubreisach.
Vogelsheim	. . . .	Ober-Elsass.	Colmar.	Neubreisach.

LOCALITÉS — NOM FRANÇAIS	LOCALITÉS — NOM DIFFÉRENT en allemand	DÉPARTEMENT	ARRONDISSEMENT	CANTON
Vic-sur-Seille	*Vic*	Meurthe.	Château-Salins.	Vic.
Vieux-Ferrette	*Alt-Pfirt*	Haut-Rhin.	Mulhouse.	Ferrette.
Vieux-Lixheim	*Altlixheim*	Meurthe.	Sarrebourg.	Fénétrange.
Vieux-Thann	*Alt-Thann*	Haut-Rhin.	Belfort.	Thann.
Vigneulles (Les Hautes et Basses-)		Moselle.	Metz.	Faulquemont.
Vigny		Moselle.	Metz.	Verny.
Vigy		Moselle.	Metz.	Vigy.
Village-Neuf	*Neudorf*	Haut-Rhin.	Mulhouse.	Huningue.
Villé	*Weiler*	Bas-Rhin.	Schlestadt.	Villé.
Villers-aux-Oies		Meurthe.	Château-Salins.	Delme.
Villers-Bettnach		Moselle.	Metz.	Vigy.
Villers-Stoncourt		Moselle.	Metz.	Pange.
Villerwald	*Willerwald*	Moselle.	Sarreguemines.	Sarralbe.
Villing	*Willingen*	Moselle.	Thionville.	Bouzonville.
Vilsberg	*Wilsberg*	Meurthe.	Sarrebourg.	Phalsbourg.
Vintersbourg	*Wintersburg*	Meurthe.	Sarrebourg.	Phalsbourg.
Vionville		Moselle.	Metz.	Gorze.
Virming	*Wirmingen*	Meurthe.	Château-Salins.	Albestroff.
Vitry		Moselle.	Thionville.	Thionville.
Vittersbourg	*Wittersburg*	Meurthe.	Château-Salins.	Albestroff.
Vittoncourt		Moselle.	Metz.	Faulquemont.
Viviers		Meurthe.	Château-Salins.	Delme.
Vœgtlinshoffen	*Vöklinshofen (Vögtlinshofen)*	Haut-Rhin.	Colmar.	Wintzenheim.
Vœllerdingen	*Völlerdingen*	Bas-Rhin.	Saverne.	Saar-Union.
Vogelgrun		Haut-Rhin.	Colmar.	Neufbrisach.
Voimehaut	*Voimhaut*	Moselle.	Metz.	Faulquemont.
Volcksberg	*Volksberg*	Bas-Rhin.	Saverne.	Drulingen.
Vogelsheim		Haut-Rhin.	Colmar.	Neufbrisach.
Volkrange	*Volkringen*	Moselle.	Thionville.	Thionville.
Volmerange	*Volmeringen*	Moselle.	Metz.	Boulay.
Volmerange-lès-Œutrange	*Wollmeringen*	Moselle.	Thionville.	Cattenom.
Volmunster	*Wolmünster*	Moselle.	Sarreguemines.	Volmunster.
Volstroff	*Wolsdorf*	Moselle.	Thionville.	Metzerwisse.
Voyer	*Weiher*	Meurthe.	Sarrebourg.	Lorquin.
Vrémy		Moselle.	Metz.	Vigy.
Vry		Moselle.	Metz.	Vigy.
Vuisse	*Wuisse*	Meurthe.	Château-Salins.	Château-Salins.
Vulmont		Moselle.	Metz.	Verny.

W

LOCALITÉS — NOM FRANÇAIS	LOCALITÉS — NOM DIFFÉRENT en allemand	DÉPARTEMENT	ARRONDISSEMENT	CANTON
Wahlenheim		Bas-Rhin.	Strasbourg.	Haguenau.
Walbach		Haut-Rhin.	Colmar.	Wintzenheim.
Walbach	*Wahlbach*	Haut-Rhin.	Mulhouse.	Landser.
Walbourg	*Walburg*	Bas-Rhin.	Wissembourg.	Wœrth.
Walck (La)	*Walk*	Bas-Rhin.	Wissembourg.	Niederbronn.
Waldersbach		Vosges.	St-Dié.	Schirmeck.
Waldhausen		Moselle.	Sarreguemines.	Volmunster.
Waldighoffen	*Waldighofen*	Haut-Rhin.	Mulhouse.	Hirsingen.
Waldolwisheim		Bas-Rhin.	Saverne.	Saverne.
Waldweistroff	*Waldweisdorf*	Moselle.	Thionville.	Sierck.
Waldwisse	*Waldwiese*	Moselle.	Thionville.	Sierck.

LOCALITÉS — NOM ALLEMAND	LOCALITÉS — NOM DIFFÉRENT en français	BEZIRK (DÉPARTEMENT)	KREIS (CERCLE)	KANTON (CANTON)
Volmhaut	*Voimehaut*	Lothringen.	Bolchen.	Falkenberg.
Volkensberg	*Folgensbourg*	Ober-Elsass.	Mülhausen.	Hüningen.
Volkringen	*Volkrange*	Lothringen.	Diedenhofen.	Diedenhofen.
Volksberg	*Volcksberg*	Unter-Elsass.	Zabern.	Drulingen.
Volmeringen	*Volmerange*	Lothringen.	Bolchen.	Bolchen.
Vorbruck	*La Broque*	Unter-Elsass.	Molsheim.	Schirmeck.
Vrémy		Lothringen.	Metz.	Vigy.
Vry		Lothringen.	Metz.	Vigy.
Vulmont		Lothringen.	Metz.	Verny.

W

NOM ALLEMAND	NOM DIFFÉRENT en français	BEZIRK	KREIS	KANTON
Wahlbach	*Walbach*	Ober-Elsass.	Mülhausen.	Landser.
Wahlenheim		Unter-Elsass.	Hagenau.	Hagenau.
Waibelskirchen	*Varize*	Lothringen.	Bolchen.	Bolchen.
Walbach		Ober-Elsass.	Colmar.	Winzenheim.
Walburg	*Walbourg*	Unter-Elsass.	Weissenburg.	Wörth.
Waldenburg	*Valtembourg*	Lothringen.	Saarburg.	Pfalzburg.
Waldersbach		Unter-Elsass.	Molsheim.	Schirmeck.
Waldhambach	*Hambach*	Unter-Elsass.	Zabern.	Drulingen.
Waldhausen		Lothringen.	Saargemünd.	Wolmünster.
Waldighofen	*Waldighoffen*	Ober-Elsass.	Altkirch.	Hirsingen.
Waldolwisheim		Unter-Elsass.	Zabern.	Zabern.

LOCALITÉS		DÉPARTEMENT	ARRONDISSEMENT	CANTON
NOM FRANÇAIS	NOM DIFFÉRENT en allemand			
Walheim		Haut-Rhin.	Mulhouse.	Altkirch.
Walschbronn		Moselle.	Sarreguemines.	Volmunster.
Walscheid		Meurthe.	Sarrebourg.	Sarrebourg.
Waltenheim		Bas-Rhin.	Saverne.	Hochfelden.
Waltenheim		Haut-Rhin.	Mulhouse.	Landser.
Wangen		Bas-Rhin.	Strasbourg.	Wasselonne.
Wangenbourg	*Wangenburg*	Bas-Rhin.	Strasbourg.	Wasselonne.
Wantzenau (La)	*Wanzenau*	Bas-Rhin.	Strasbourg.	Brumath.
Wasselonne	*Wasselnheim*	Bas-Rhin.	Strasbourg.	Wasselonne.
Wasserbourg	*Wasserburg*	Haut-Rhin.	Colmar.	Munster.
Wattwiller	*Wattweiler*	Haut-Rhin.	Belfort.	Cernay.
Weckolsheim		Haut-Rhin.	Colmar.	Neufbrisach.
Weegscheid	*Wegscheid*	Haut-Rhin.	Belfort.	Massevaux.
Weiler		Bas-Rhin.	Wissembourg.	Wissembourg.
Weinbourg	*Weinburg*	Bas-Rhin.	Saverne.	Bouxwiller.
Weislingen		Bas-Rhin.	Saverne.	Drulingen.
Weitbruch		Bas-Rhin.	Strasbourg.	Haguenau.
Weiterswiller	*Weitersweiler*	Bas-Rhin.	Saverne.	La Petite-Pierre.
Welferding	*Wölferdingen*	Moselle.	Sarreguemines.	Sarreguemines.
Wentzwiller	*Wenzweiler*	Haut-Rhin.	Mulhouse.	Huningue.
Werentzhausen	*Werenzhausen*	Haut-Rhin.	Mulhouse.	Ferrette.
Wesserling (*Voir* **Husseren**).				
Westhalten		Haut-Rhin.	Colmar.	Rouffach.
Westhausen		Bas-Rhin.	Saverne.	Marmoutier.
Westhausen		Bas-Rhin.	Schlestadt.	Erstein.
Westhoffen	*Westhofen*	Bas-Rhin.	Strasbourg.	Wasselonne.
Wettolsheim		Haut-Rhin.	Colmar.	Wintzenheim.
Weyer		Bas-Rhin.	Saverne.	Drulingen.
Weyersheim *ou* **Wirschen**		Bas-Rhin.	Strasbourg.	Brumath.
Wickerschwihr	*Wickerschweier*	Haut-Rhin.	Colmar.	Andolsheim.
Wickersheim		Bas-Rhin.	Saverne.	Hochfelden.
Widensohlen	*Widensolen*	Haut-Rhin.	Colmar.	Andolsheim.
Wieswiller	*Wiesweiler*	Moselle.	Sarreguemines.	Sarreguemines.
Wihr-au-Val	*Weier im Thal*	Haut-Rhin.	Colmar.	Wintzenheim.
Wihr-en-Plaine	*Weier auf'm Land*	Haut-Rhin.	Colmar.	Andolsheim.
Wildenstein		Haut-Rhin.	Belfort.	St-Amarin.
Wildersbach		Vosges.	St-Dié.	Schirmeck.
Willer	*Weiler*	Moselle.	Sarreguemines.	Gros-Tenquin.
Willer	*Weiler*	Haut-Rhin.	Belfort.	Thann.
Willer	*Weiler*	Haut-Rhin.	Mulhouse.	Altkirch.
Willgottheim		Bas-Rhin.	Strasbourg.	Truchtersheim.
Wilshausen		Bas-Rhin.	Saverne.	Hochfelden.
Wilwisheim		Bas-Rhin.	Saverne.	Hochfelden.
Wimmenau		Bas-Rhin.	Saverne.	La Petite-Pierre.
Winckel	*Winkel*	Haut-Rhin.	Mulhouse.	Ferrette.
Windstein		Bas-Rhin.	Wissembourg.	Niederbronn.
Wingen		Bas-Rhin.	Wissembourg.	Wissembourg.
Wingen		Bas-Rhin.	Saverne.	La Petite-Pierre.
Wingersheim		Bas-Rhin.	Saverne.	Hochfelden.
Wintershausen		Bas-Rhin.	Strasbourg.	Haguenau.
Wintzenbach	*Winzenbach*	Bas-Rhin.	Wissembourg.	Seltz.
Wintzenheim	*Winzenheim*	Bas-Rhin.	Strasbourg.	Truchtersheim.
Wintzenheim	*Winzenheim*	Haut-Rhin.	Colmar.	Wintzenheim.
Wisches	*Wisch*	Vosges.	St-Dié.	Schirmeck.

LOCALITÉS — NOM ALLEMAND	LOCALITÉS — NOM DIFFÉRENT en français	BEZIRK (DÉPARTEMENT)	KREIS (CERCLE)	KANTON (CANTON)
Waldweisdorf	*Waldweistroff*	Lothringen.	Diedenhofen.	Sierck.
Waldwiese	*Waldwisse*	Lothringen.	Diedenhofen.	Sierck.
Walf	*Valff*	Unter-Elsass.	Erstein.	Oberehnheim.
Walheim		Ober-Elsass.	Altkirch.	Altkirch.
Walk	*Walck (La)*	Unter-Elsass.	Hagenau.	Niederbronn.
Wallerchen	*Vaudreching*	Lothringen.	Bolchen.	Busendorf.
Walleringen	*Vallerange*	Lothringen.	Forbach.	Grosstänchen.
Wallersberg		Lothringen.	Bolchen.	Falkenberg.
Wallingen		Lothringen.	Diedenhofen.	Diedenhofen.
Walmen	*Valmont*	Lothringen.	Forbach.	St Avold.
Walschbronn		Lothringen.	Saargemünd.	Wolmünster.
Walscheid		Lothringen.	Saarburg.	Saarburg.
Waltenheim		Unter-Elsass.	Strassburg.	Hochfelden.
Waltenheim		Ober-Elsass.	Mülhausen.	Landser.
Wangen		Unter-Elsass.	Molsheim.	Wasselnheim.
Wangenburg	*Wangenbourg*	Unter-Elsass.	Molsheim.	Wasselnheim.
Wanzenau	*Wantzenau (La)*	Unter-Elsass.	Strassburg.	Brumath.
Wasperweiler	*Vasperviller*	Lothringen.	Saarburg.	Lörchingen.
Wasselnheim	*Wasselonne*	Unter-Elsass.	Molsheim.	Wasselnheim.
Wasserburg	*Wasserbourg*	Ober-Elsass.	Colmar.	Münster.
Wattweiler	*Wattwiller*	Ober-Elsass.	Thann.	Sennheim.
Weckersweiler	*Veckersviller*	Lothringen.	Saarburg.	Finstingen.
Weckolsheim		Ober-Elsass.	Colmar.	Neubreisach.
Wegscheid	*Weegscheid*	Ober-Elsass.	Thann.	Masmünster.
Weier auf'm Land	*Wihr-en-Plaine*	Ober-Elsass.	Colmar.	Andolsheim.
Weier im Thal	*Wihr-au-Val*	Ober-Elsass.	Colmar.	Münster.
Weiher	*Voyer*	Lothringen.	Saarburg.	Lörchingen.
Weiler	*Willer*	Ober-Elsass.	Altkirch.	Altkirch.
Weiler	*Willer*	Lothringen.	Forbach.	Grosstänchen.
Weiler	*Willer*	Ober-Elsass.	Thann.	Thann.
Weiler	*Villé*	Unter-Elsass.	Schlettstadt.	Weiler.
Weimeringen	*Veymerange*	Lothringen.	Diedenhofen.	Diedenhofen.
Weinburg	*Weinbourg*	Unter-Elsass.	Zabern.	Buchsweiler.
Weislingen		Unter-Elsass.	Zabern.	Drulingen.
Weissenburg	*Wissembourg*	Unter-Elsass.	Weissenburg.	Weissenburg.
Weisskirchen	*Blanche-Église*	Lothringen.	Château-Salins.	Dieuze.
Weitbruch		Unter-Elsass.	Hagenau.	Hagenau.
Weitersweiler	*Weitersweiller*	Unter-Elsass.	Zabern.	Lützelstein.
Welschensteinbach		Ober-Elsass.	Altkirch.	Dammerkirch.
Welwingen	*Velving*	Lothringen.	Bolchen.	Bolchen.
Wenzweiler	*Wentzwiller*	Ober-Elsass.	Mülhausen.	Hüningen.
Werenzhausen	*Werentzhausen*	Ober-Elsass.	Altkirch.	Pfirt.
Weschheim	*Vescheim*	Lothringen.	Saarburg.	Pfalzburg.
Westhalten		Ober-Elsass.	Gebweiler.	Rufach.
Westhausen		Unter-Elsass.	Erstein.	Erstein.
Westhausen		Unter-Elsass.	Zabern.	Maursmünster.
Westhofen	*Westhoffen*	Unter-Elsass.	Molsheim.	Wasselnheim.
Wettolsheim		Ober-Elsass.	Colmar.	Winzenheim.
Weyer		Unter-Elsass.	Zabern.	Drulingen.
Weyersheim		Unter-Elsass.	Strassburg.	Brumath.
Wickerschweier	*Wickerschwihr*	Ober-Elsass.	Colmar.	Andolsheim.
Wickersheim		Unter-Elsass.	Strassburg.	Hochfelden.
Widensolen	*Widensohlen*	Ober-Elsass.	Colmar.	Andolsheim.
Wiebersweiler	*Vibersviller*	Lothringen.	Château-Salins.	Albesdorf.
Wieblingen	*Vaudoncourt*	Lothringen.	Metz.	Pange.
Wiesweiler	*Wiesviller*	Lothringen.	Saargemünd.	Saargemünd.

LOCALITÉS		DÉPARTEMENT	ARRONDISSEMENT	CANTON
NOM FRANÇAIS	NOM DIFFÉRENT en allemand			
Wissembourg	*Weissenburg*	Bas-Rhin.	Wissembourg.	Wissembourg.
Wittelsheim		Haut-Rhin.	Belfort.	Cernay.
Wittenheim		Haut-Rhin.	Mulhouse.	Mulhouse.
Witternheim		Bas-Rhin.	Schlestadt.	Benfeld.
Wittersdorff	*Wittersdorf*	Haut-Rhin.	Mulhouse.	Altkirch.
Wittersheim		Bas-Rhin.	Strasbourg.	Haguenau.
Wittisheim		Bas-Rhin.	Schlestadt.	Marckolsheim.
Wittring	*Wittringen*	Moselle.	Sarreguemines.	Sarreguemines.
Wiwersheim		Bas-Rhin.	Strasbourg.	Truchtersheim.
Wœlfling	*Wölflingen bei Bliesbrücken*	Moselle.	Sarreguemines.	Sarreguemines.
Wœlfling	*Wölflingen bei Basendorf*	Moselle.	Thionville.	Bouzonville.
Wœllenheim	*Wöllenheim*	Bas-Rhin.	Strasbourg.	Truchtersheim.
Wœrth-sur-Sauer	*Wörth an der Sauer*	Bas-Rhin.	Wissembourg.	Wœrth-sur-Sauer.
Woippy		Moselle.	Metz.	Metz.
Wolfersdorff	*Wolfersdorf*	Haut-Rhin.	Belfort.	Dannemarie.
Wolfgantzen	*Wolganzen*	Haut-Rhin.	Colmar.	Neufbrisach.
Wolfisheim		Bas-Rhin.	Strasbourg.	Schiltigheim.
Wolfskirchen		Bas-Rhin.	Saverne.	Drulingen.
Wolschheim		Bas-Rhin.	Saverne.	Saverne.
Wolschwiller	*Wolschweiler*	Haut-Rhin.	Mulhouse.	Ferrette.
Wolxheim		Bas-Rhin.	Strasbourg.	Molsheim.
Woustwiller	*Wustweiler*	Moselle.	Sarreguemines.	Sarreguemines.
Wuenheim	*Wünheim*	Haut-Rhin.	Colmar.	Soultz.

LOCALITÉS		BEZIRK (DÉPARTEMENT)	KREIS (CERCLE)	KANTON (CANTON)
NOM ALLEMAND	NOM DIFFÉRENT en français			
Wildenstein		Ober-Elsass.	Thann.	St Amarin.
Wildersbach		Unter-Elsass.	Molsheim.	Schirmeck.
Willern	*Romagny*	Ober-Elsass.	Altkirch.	Dammerkirch.
Willerwald	*Villerwald*	Lothringen.	Forbach.	Saaralben.
Willgottheim		Unter-Elsass.	Strassburg.	Truchtersheim.
Willingen	*Villing*	Lothringen.	Bolchen.	Busendorf.
Wilsberg	*Vilsberg*	Lothringen.	Saarburg.	Pfalzburg.
Wilshausen		Unter-Elsass.	Strassburg.	Hochfelden.
Wilwisheim		Unter-Elsass.	Strassburg.	Hochfelden.
Wimmenau		Unter-Elsass.	Zabern.	Lützelstein.
Windstein		Unter-Elsass.	Hagenau.	Niederbronn.
Wingen		Unter-Elsass.	Zabern.	Lützelstein.
Wingen		Unter-Elsass.	Weissenburg.	Weissenburg.
Wingersheim		Unter-Elsass.	Strassburg.	Hochfelden.
Winkel	*Winckel*	Ober-Elsass.	Altkirch.	Pfirt.
Wintersburg	*Vintersbourg*	Lothringen.	Saarburg.	Pfalzburg.
Wintershausen		Unter-Elsass.	Hagenau.	Hagenau.
Winzenbach	*Wintzenbach*	Unter-Elsass.	Weissenburg.	Selz.
Winzenheim	*Wintzenheim*	Unter-Elsass.	Strassburg.	Truchtersheim.
Winzenheim	*Wintzenheim*	Ober-Elsass.	Colmar.	Winzenheim.
Wirmingen	*Virming*	Lothringen.	Château-Salins.	Albesdorf.
Wisch	*Wisches*	Unter-Elsass.	Molsheim.	Schirmeck.
Wittelsheim		Ober-Elsass.	Thann.	Sennheim.
Wittenheim		Ober-Elsass.	Mülhausen.	Mülhausen-Nord.
Witternheim		Unter-Elsass.	Erstein.	Benfeld.
Wittersburg	*Vittersbourg*	Lothringen.	Château-Salins.	Albesdorf.
Wittersdorf	*Wittersdorff*	Ober-Elsass.	Altkirch.	Altkirch.
Wittersheim		Unter-Elsass.	Hagenau.	Hagenau.
Wittisheim		Unter-Elsass.	Schlettstadt.	Markolsheim.
Wittringen	*Wittring*	Lothringen.	Saargemünd.	Saargemünd.
Wiwersheim		Unter-Elsass.	Strassburg.	Truchtersheim.
Wölferdingen	*Welferding*	Lothringen.	Saargemünd.	Saargemünd.
Wölflingen bei Bliesbrücken	*Wœlfling*	Lothringen.	Saargemünd.	Saargemünd.
Wölflingen bei Busendorf	*Wœlfling*	Lothringen.	Bolchen.	Busendorf.
Wöllenheim	*Wœllenheim*	Unter-Elsass.	Strassburg.	Truchtersheim.
Wörth an der Sauer	*Wœrth-sur-Sauer*	Unter-Elsass.	Weissenburg.	Wörth.
Woippy		Lothringen.	Metz.	Metz.
Wolfersdorf	*Wolfersdorff*	Ober-Elsass.	Altkirch.	Dammerkirch.
Wolfganzen	*Wolfgantzen*	Ober-Elsass.	Colmar.	Neubreisach.
Wolfisheim		Unter-Elsass.	Strassburg.	Schiltigheim.
Wolfskirchen		Unter-Elsass.	Zabern.	Drulingen.
Wollmeringen	*Volmerange*	Lothringen.	Diedenhofen.	Kattenhofen.
Wolmünster	*Volmunster*	Lothringen.	Saargemünd.	Wolmünster.
Wolschheim		Unter-Elsass.	Zabern.	Zabern.
Wolschweiler	*Wolschwiller*	Ober-Elsass.	Altkirch.	Pfirt.
Wolsdorf	*Volstroff*	Lothringen.	Diedenhofen.	Metzerwiese.
Wolxheim		Unter-Elsass.	Molsheim.	Molsheim.
Wünheim	*Wuenheim*	Ober-Elsass.	Gebweiler.	Sulz.
Wuisse	*Vuisse*	Lothringen.	Château-Salins.	Château-Salins.
Wustweiler	*Woustwiller*	Lothringen.	Saargemünd.	Saargemünd.

LOCALITÉS		DÉPARTEMENT	ARRON-DISSEMENT	CANTON
NOM FRANÇAIS	NOM DIFFÉRENT en allemand			
X				
Xanrey	. . . .	Meurthe.	Château-Salins.	Vic.
Xocourt	. . . .	Meurthe.	Château-Salins.	Delme.
Xouaxange	. . . .	Meurthe.	Sarrebourg.	Sarrebourg.
Y				
Yutz-Basse	*Nieder-Jeutz*	Moselle.	Thionville.	Thionville.
Yutz-Haute	*Ober-Jeutz*	Moselle.	Thionville.	Thionville.
Z				
Zæsingen	*Zässingen*	Haut-Rhin.	Mulhouse.	Landser.
Zarbeling	. . . .	Meurthe.	Château-Salins.	Dieuze.
Zehnacker	. . . .	Bas-Rhin.	Saverne.	Marmoutier.
Zeinheim	. . . .	Bas-Rhin.	Saverne.	Marmoutier.
Zellenberg	. . . .	Haut-Rhin.	Colmar.	Kaysersberg.
Zellwiller	*Zellweiler*	Bas-Rhin.	Schlestadt.	Obernai.
Zetting	*Settingen*	Moselle.	Sarreguemines.	Sarreguemines.
Zilling	*Zillingen*	Meurthe.	Château-Salins.	Phalsbourg.
Zillisheim	. . . .	Haut-Rhin.	Mulhouse.	Mulhouse.
Zimmerbach	. . . .	Haut-Rhin.	Colmar.	Wintzenheim.
Zimmersheim	. . . .	Haut-Rhin.	Mulhouse.	Habsheim.
Zimming	*Zimmingen*	Moselle.	Metz.	Boulay.
Zinswiller	*Zinsweiler*	Bas-Rhin.	Wissembourg.	Niederbronn.
Zittersheim	. . . .	Bas-Rhin.	Saverne.	La Petite-Pierre.
Zœbersdorf	*Zöbersdorf*	Bas-Rhin.	Saverne.	Hochfelden.
Zollingen	. . . .	Bas-Rhin.	Saverne.	Drulingen.
Zommange	*Zemmingen*	Meurthe.	Château-Salins.	Dieuze.
Zoufftgen	*Suftgen*	Moselle.	Thionville.	Cattenom.
Zutzendorff	*Zutzendorf*	Bas-Rhin.	Saverne.	Bouxwiller.

LOCALITÉS — NOM ALLEMAND	LOCALITÉS — NOM DIFFÉRENT en français	BEZIRK (DÉPARTEMENT)	KREIS (CERCLE)	KANTON (CANTON)
X				
Xanrey		Lothringen.	Château-Salins.	Vic.
Xocourt		Lothringen.	Château-Salins.	Delme.
Y				
Z				
Zabern	*Saverne*	Unter-Elsass.	Zabern.	Zabern.
Zässingen	*Zæsingen*	Ober-Elsass.	Mülhausen.	Landser.
Zarbeling		Lothringen.	Château-Salins.	Dieuze.
Zehnacker		Unter-Elsass.	Zabern.	Maursmünster.
Zeinheim		Unter-Elsass.	Zabern.	Maursmünster.
Zell	*La Baroche*	Ober-Elsass.	Rappoltsweiler.	Schnierlach.
Zellenberg		Ober-Elsass.	Rappoltsweiler.	Kaysersberg.
Zellweiler	*Zellwiller*	Unter-Elsass.	Erstein.	Oberehnheim.
Zemmingen	*Zommange*	Lothringen.	Château-Salins.	Dieuze.
Zillingen	*Zilling*	Lothringen.	Saarburg.	Pfalzburg.
Zillisheim		Ober-Elsass.	Mülhausen.	Mülhausen-Süd.
Zimmerbach		Ober-Elsass.	Colmar.	Winzenheim.
Zimmersheim		Ober-Elsass.	Mülhausen.	Habsheim.
Zimmingen	*Zimming*	Lothringen.	Bolchen.	Bolchen.
Zinsweiler	*Zinswiller*	Unter-Elsass.	Hagenau.	Niederbronn.
Zittersdorf	*Haut-Clocher*	Lothringen.	Saarburg.	Saarburg.
Zittersheim		Unter-Elsass.	Zabern.	Lützelstein.
Zöbersdorf	*Zœbersdorf*	Unter-Elsass.	Strassburg.	Hochfelden.
Zollingen		Unter-Elsass.	Zabern.	Drulingen.
Zutzendorf	*Zutzendorff*	Unter-Elsass.	Zabern.	Buchsweiler.

LISTE ALPHABÉTIQUE

des dernières localités d'Alsace-Lorraine à dénomination française, auxquelles l'ordonnance impériale du 2 septembre 1915 a imposé un nom allemand.

DÉNOMINATIONS			DÉNOMINATIONS		
ANTÉRIEURES	POSTÉRIEURES	CERCLE	POSTÉRIEURES	ANTÉRIEURES	CERCLE
		A			
Aboncourt	*Abenhofen*	Château-Salins.	**Abenhofen**	*Aboncourt*	Château-Salins.
Achâtel	*Hohenschloss*	Metz-Land.	**Adinghofen**	*Adaincourt*	Bolchen.
Adaincourt	*Adinghofen*	Bolchen.	**Aich**	*Ay*	Metz-Land.
Ajoncourt	*Anaidshofen*	Château-Salins.	**Allenhofen**	*Alaincourt*	Château-Salins.
Alaincourt	*Allenhofen*	Château-Salins.	**Almerichshofen**	*Amélécourt*	Château-Salins.
Amélécourt	*Almerichshofen*	Château-Salins.	**Anaidshofen**	*Ajoncourt*	Château-Salins.
Ancy a. d. Mosel	*Anzig*	Metz-Land.	**Anslingen**	*Azoudange*	Saarburg.
Antilly	*Antullen*	Metz-Land.	**Antullen**	*Antilly*	Metz-Land.
Argancy	*Arganen*	Metz-Land.	**Anzig**	*Ancy a. d. Mosel*	Metz-Land.
Arry	*Arrich*	Metz-Land.	**Arganen**	*Argancy*	Metz-Land.
Ars-Laquenexy	*Ars bei Kenchen*	Metz-Land.	**Arrich**	*Arry*	Metz-Land.
Attiloncourt	*Edelinghofen*	Château-Salins.	**Ars bei Kenchen**	*Ars-Laquenexy*	Metz-Land.
Augny	*Auning*	Metz-Land.	**Auning**	*Augny*	Metz-Land.
Aulnois	*Erlen*	Château-Salins.			
Avricourt	*Elfringen*	Saarburg.			
Ay	*Aich*	Metz-Land.			
Azoudange	*Anslingen*	Saarburg.			
		B			
Bacourt	*Badenhofen*	Château-Salins.	**Badenhofen**	*Bacourt*	Château-Salins.
Ban-St-Martin	*St-Martinsbann*	Metz-Land.	**Baldershofen**	*Baudrecourt*	Château-Salins.
Baudrecourt	*Baldershofen*	Château-Salins.	**Basonhofen**	*Basoncourt*	Metz-Land.
Basoncourt	*Basonhofen*	Metz-Land.	**Bechingen**	*Béchy*	Metz Land.
Béchy	*Bechingen*	Metz-Land.	**Bionshofen**	*Bioncourt*	Château-Salins.
Bellefosse	*Schöngrund*	Molsheim.	**Blen**	*Plaine*	Molsheim.
Belmont	*Schönenberg im Breuschtal*	Molsheim.	**Bornen**	*Borny*	Metz-Land.
Beux	*Niederbö*	Metz-Land.	**Bortenach**	*Bourdonnaye*	Château-Salins.
Bioncourt	*Bionshofen*	Château-Salins.	**Breusch-Urbach**	*Fouday (Urbach)*	Molsheim.
Borny	*Bornen*	Metz-Land.	**Bruchheim**	*Bréhain*	Château-Salins.
Bourdonnaye	*Bortenach*	Château-Salins.	**Bruch-Kastel**	*Château-Bréhain*	Château-Salins.
Bourg-Bruche	*Burg-Breusch*	Molsheim.	**Brunwals**	*Bronvaux*	Metz-Land.
Bréhain	*Bruchheim*	Château-Salins.	**Buchingen**	*Buchy*	Metz-Land.
Bronvaux	*Brunwals*	Metz-Land.	**Buch in Lothringen**	*Féy*	Metz-Land.
Buchy	*Buchingen*	Metz-Land.	**Burg-Breusch**	*Bourg-Bruche*	Molsheim.
Burlioncourt	*Burlingshofen*	Château-Salins.	**Burlingshofen**	*Burlioncourt*	Château-Salins.
		C			
Chailly b Ennery	*Kettenchen*	Metz-Land.	**Corningen**	*Corny*	Metz-Land.
Chambrey	*Kambrich*	Château-Salins.			
Chanville	*Hanhausen*	Metz-Land.			
Charleville	*Karlheim*	Metz-Land.			
Charly	*Karlen*	Metz-Land.			
Château-Bréhain	*Bruch-Kastel*	Château-Salins.			
Châtel-St-Germain	*St-German*	Metz-Land.			

DÉNOMINATIONS			DÉNOMINATIONS		
ANTÉRIEURES	POSTÉRIEURES	CERCLE	POSTÉRIEURES	ANTÉRIEURES	CERCLE
Chémery	*Schemmerich*	Bolchen.			
Cheminot	*Kemnat*	Metz-Land.			
Chénois	*Eichendorf*	Château-Salins.			
Chérisey	*Schersingen*	Metz-Land.			
Chesny	*Kessenach*	Metz-Land.			
Chicourt	*Diexingen*	Château-Salins.			
Chieulles	*Schöllen*	Metz-Land.			
Coin a. d. Seille	*Selzeck*	Metz-Land.			
Coin b. Cuvry	*Kuberneck*	Metz-Land.			
Colroy-la-Roche	*Kolrein*	Molsheim.			
Coincy	*Konzich*	Metz-Land.			
Corny	*Corningen*	Metz-Land.			
Courcelles s. d. Nied	*Kurzel a. d. Nied*	Metz-Land.			
Coutures	*Kollers*	Château-Salins.			
Craincourt	*Krankofen*	Château-Salins.			
Cuvry	*Kubern*	Metz-Land.			

D

Dédeling	*Dedlingen*	Château-Salins.	Dedlingen	*Dédeling*	Château-Salins.
Delme	*Delm*	Château-Salins.	Delm	*Delme*	Château-Salins.
Dieuze	*Duss*	Château-Salins.	Diedersberg	*Moncidier*	Château-Salins.
Donjeux	*Domningen*	Château-Salins.	Diexingen	*Chicourt*	Château-Salins.
Donnelay	*Dunnigen*	Château-Salins.	Dinkirch	*Tincry*	Château-Salins.
Dornot	*Dorningen*	Metz-Land.	Domningen	*Donjeux*	Château-Salins.
			Dorningen	*Dornot*	Metz-Land.
			Dannigen	*Donnelay*	Château-Salins.
			Duss	*Dieuze*	Château-Salins.

E

Ennery	*Ennerchen*	Metz-Land.	Edelinghofen	*Attilloncourt*	Château-Salins.
			Eichendorf	*Chénois*	Château-Salins.
			Eifringen	*Avricourt*	Saarburg.
			Ennerchen	*Ennery*	Metz-Land.
			Erlen	*Aulnois*	Château-Salins.
			Eschen bei Château-Salins	*Fresnes-en-Saulnois*	Château-Salins.

F

Failly	*Failen*	Metz-Land.	Failen	*Failly*	Metz-Land.
Fèves	*Fewen*	Metz-Land.	Fewen	*Fèves*	Metz-Land.
Fey	*Buch in Lothringen*	Metz-Land.	Fixheim	*Fixem*	Diedenhofen-Ost.
Fixem	*Fixheim*	Diedenhofen-Ost.	Flaich	*Flévy*	Metz-Land.
Fleury	*Flöringen*	Metz-Land.	Flodoaldshofen	*Flocourt*	Metz-Land.
Flévy	*Flaich*	Metz-Land.	Flöringen	*Fleury*	Metz-Land.
Flocourt	*Flodoaldshofen*	Metz-Land.	Folkheim	*Foville*	Metz-Land.
Fonteny	*Fonteningen*	Château-Salins.	Folkringen	*Foulcrey*	Saarburg.
Fort-Louis	*Ludwigsfeste*	Hagenau.	Fonteningen	*Fonteny*	Château-Salins.
Fossieux	*Fossingen*	Château-Salins.	Fossingen	*Fossieux*	Château-Salins.
Fouday (Urbach)	*Breusch-Urbach*	Molsheim.	Frackelfingen	*Fraquelfing*	Saarburg.
Foulcrey	*Folkringen*	Saarburg.	Fremerchen	*Frémery*	Château-Salins.
Foville	*Folkheim*	Metz-Land.	Fremich	*Vrémy*	Metz-Land.
Fraquelfing	*Frackelfingen*	Saarburg.			
Frémery	*Fremerchen*	Château-Salins.			
Fresnes-en-Saulnois	*Eschen bei Château-Salins*	Château-Salins.			

DÉNOMINATIONS			DÉNOMINATIONS		
ANTÉRIEURES	POSTÉRIEURES	CERCLE	POSTÉRIEURES	ANTÉRIEURES	CERCLE
G					
Gebling	*Geblingen*	Château-Salins.	**Gaudach**	*Jouy-aux-Arches*	Metz-Land.
Gerbécourt	*Gerbertshofen*	Château-Salins.	**Geblingen**	*Gebling*	Château-Salins
Givrycourt	*Hampat*	Château-Salins.	**Gellshofen**	*Jallaucourt*	Château-Salins.
Glatigny	*Glatingen*	Metz-Land.	**Gerbertshofen**	*Gerbécourt*	Château-Salins.
Goin	*Göhn*	Metz-Land.	**Gerden**	*Lagarde*	Château-Salins.
Gondrexange	*Gunderchingen*	Saarburg.	**Giringen**	*Jury*	Metz-Land.
Gorze	*Gorz*	Metz-Land.	**Glatingen**	*Glatigny*	Metz-Land.
Grandfontaine	*Michelbrunn*	Molsheim.	**Göhn**	*Goin*	Metz-Land.
Grémecey	*Gremsich*	Château-Salins.	**Gorz**	*Gorze*	Metz-Land.
Grossmoyeuvre	*Grossmövern*	Diedenhofen-West.	**Gremsich**	*Grémecey*	Château-Salins.
			Grossmövern	*Grossmoyeuvre*	Diedenhofen-West
			Grossprunach	*Pournoy-la-Grasse*	Metz-Land.
			Gunderchingen	*Gondrexange*	Saarburg.
H					
Hampont	*Hudingen*	Château-Salins.	**Hagenheim**	*Hegeney*	Weissenburg.
Hannocourt	*Handorf*	Château-Salins.	**Halkenhofen**	*Hauconcourt*	Metz-Land.
Harraucourt a. d. Seille	*Haraldshofen*	Château-Salins.	**Hampat**	*Givrycourt*	Château-Salins.
Hattigny	*Hattingen*	Saarburg.	**Handorf**	*Hannocourt*	Château-Salins.
Hauconcourt	*Halkenhofen*	Metz-Land.	**Hanhausen**	*Chanville*	Metz-Land.
Hegeney	*Hagenheim*	Weissenburg.	**Haraldshofen**	*Harraucourt a. d. Seille*	Château-Salins.
Hemilly	*Hemelich*	Bolchen.	**Hattingen**	*Hattigny*	Saarburg.
Holacourt	*Olkhofen*	Bolchen.	**Heiligblasien**	*St-Blaise (La Roche)*	Molsheim.
			Hemelich	*Hemilly*	Bolchen.
			Hohenschloss	*Achâtel*	Metz-Land.
			Hudingen	*Hampont*	Château-Salins.
I					
Ibigny	*Ibingen*	Saarburg.	**Ibingen**	*Ibigny*	Saarburg.
J					
Jallaucourt	*Gellshofen*	Château-Salins.	**Jussingen**	*Jussy*	Metz-Land.
Jouy-aux-Arches	*Gaudach*	Metz-Land.	**Juweiler**	*Juville*	Château-Salins.
Jury	*Giringen*	Metz-Land.			
Jussy	*Jussingen*	Metz-Land.			
Juville	*Juweiler*	Château-Salins.			
K					
Kleinmoyeuvre	*Kleinmövern*	Diedenhofen-West.	**Kambrich**	*Chambrey*	Château-Salins.
			Karlen	*Charly*	Metz-Land.
			Karlheim	*Charleville*	Metz-Land.
			Kemnat	*Cheminot*	Metz-Land.
			Kenchen	*Laquenexy*	Metz-Land.
			Kessenach	*Chesny*	Metz-Land.
			Kettenchen	*Chailly b. Ennery*	Metz-Land.
			Kleinmövern	*Kleinmoyeuvre*	Diedenhofen-West.
			Kleinprunach	*Pournoy-la-Chétive*	Metz-Land.
			Kolreis	*Colroy-la-Roche*	Molsheim.
			Kolters	*Coutures*	Château-Salins.
			Konzich	*Coincy*	Metz-Land.
			Kranhofen	*Craincourt*	Château-Salins.
			Kubern	*Cuvry*	Metz-Land.
			Kuberneck	*Coin b. Cuvry*	Metz-Land.
			Kurzel a. d. Nied	*Courcelles a. d. Nied*	Metz-Land.

L

DÉNOMINATIONS ANTÉRIEURES	DÉNOMINATIONS POSTÉRIEURES	CERCLE
Lagarde	*Gerden*	Château-Salins.
Landonvillers	*Landenweiler*	Metz-Land.
Laneuveville bei Lörchingen	*Neuendorf bei Lörchingen*	Saarburg.
Laneuveville-en-Saulnois	*Neuheim i. Lothr.*	Château-Salins.
Laquenexy	*Kenchen*	Metz-Land.
Lascemborn	*Lassenborn*	Saarburg.
Lemoncourt	*Lemhofen*	Château-Salins.
Lemud	*Mud*	Metz-Land.
Lesse	*Lesch*	Château-Salins.
Lessy	*Lessingen*	Metz-Land.
Lezey	*Litzingen*	Château-Salins.
Liéhon	*Lieheim*	Metz-Land.
Lindre-Basse	*Niederlinder*	Château-Salins.
Lindre-Haute	*Oberlinder*	Château-Salins.
Liocourt	*Linhofen*	Château-Salins.
Longeville b. Metz	*Langenheim*	Metz-Land.
Lorry b. Metz	*Lorringen*	Metz-Land.
Lorry-Mardigny	*Lorringen-Mardeningen*	Metz-Land.
Louvigny	*Loveningen*	Metz-Land.
Lubécourt	*Lubenhofen*	Château-Salins.
Lucy	*Lizingen*	Château-Salins.
Luppy	*Luppingen*	Metz-Land.

DÉNOMINATIONS POSTÉRIEURES	DÉNOMINATIONS ANTÉRIEURES	CERCLE
Landenweiler	*Landonvillers*	Metz-Land.
Langenheim	*Longeville b. Metz*	Metz-Land.
Lassenborn	*Lascemborn*	Saarburg.
Lemhofen	*Lemoncourt*	Château-Salins.
Lesch	*Lesse*	Château-Salins.
Lessingen	*Lessy*	Metz-Land.
Lieheim	*Liéhon*	Metz-Land.
Linhofen	*Liocourt*	Château-Salins.
Litzingen	*Lezey*	Château-Salins.
Lizingen	*Lucy*	Château-Salins.
Lorringen	*Lorry b. Metz*	Metz-Land.
Lorringen-Mardeningen	*Lorry-Mardigny*	Metz-Land.
Loveningen	*Louvigny*	Metz-Land.
Lubenhofen	*Lubécourt*	Château-Salins.
Ludwigsfeste	*Fortlouis*	Haguenau.
Luppingen	*Luppy*	Metz-Land.

M

DÉNOMINATIONS ANTÉRIEURES	DÉNOMINATIONS POSTÉRIEURES	CERCLE
Magny	*Manningen*	Metz-Land.
Maizeroy	*Macherich*	Metz-Land.
Maizery	*Macheringen*	Metz-Land.
Maizières	*Machern bei Wich*	Château-Salins.
Maizières b. Metz	*Macheren*	Metz-Land.
Malancourt	*Malandshofen*	Metz-Land.
Malaucourt	*Mallhofen*	Château-Salins.
Malroy	*Malrich*	Metz-Land.
Manhoué	*Manwald*	Château-Salins.
Marange-Silvange	*Maringen-Silvingen*	Metz-Land.
Marieulles	*Mariellen*	Metz-Land.
Marimont	*Morsberg*	Château-Salins.
Marly	*Marleien*	Metz-Land.
Marsilly	*Marzellingen*	Metz-Land.
Maxe	*Masch*	Metz-Land.
Mécleuves	*Mekleven*	Metz-Land.
Méy	*Maien*	Metz-Land.
Métairies-St-Quirin	*Quirinsweiler*	Saarburg.
Moncheux	*Monchern*	Metz-Land.
Moncourt	*Monhofen i. Lothr.*	Château-Salins.
Montdidier	*Diedersberg*	Château-Salins.
Montigny b. Metz	*Monteningen*	Metz-Land.
Montoy	*Montingen*	Metz-Land.
Morville a. d. Nied	*Morsweiler a. d. Nied*	Château-Salins.
Morville b. Vic	*Morsheim*	Château-Salins.
Moulins b. Metz	*Mühlen b. Metz*	Metz-Land.
Moussey	*Mulsach*	Saarburg.
Moyenvic	*Medewich*	Château-Salins.
Mulcey	*Milzingen*	Château-Salins.
Münsthal-St-Louis	*Münzthal*	Saargemünd.

DÉNOMINATIONS POSTÉRIEURES	DÉNOMINATIONS ANTÉRIEURES	CERCLE
Macheren	*Maizières b. Metz*	Metz-Land.
Macherich	*Maizeroy*	Metz-Land.
Macheringen	*Maizery*	Metz-Land.
Machern bei Wich	*Maizières*	Château-Salins.
Maien	*Méy*	Metz-Land.
Malandshofen	*Malancourt*	Metz-Land.
Mallhofen	*Malaucourt*	Château-Salins.
Malrich	*Malroy*	Metz-Land.
Manningen	*Magny*	Metz-Land.
Manwald	*Manhoué*	Château-Salins.
Mariellen	*Marieulles*	Metz-Land.
Maringen-Silvingen	*Marange-Silvange*	Metz-Land.
Marleien	*Marly*	Metz-Land.
Marzellingen	*Marsilly*	Metz-Land.
Masch	*Maxe*	Metz-Land.
Medewich	*Moyenvic*	Château-Salins.
Mekleven	*Mécleuves*	Metz-Land.
Michelbrunn	*Grandfontaine*	Molsheim.
Milzingen	*Mulcey*	Château-Salins.
Monchern	*Moncheux*	Metz-Land.
Monhofen i. Lothr.	*Moncourt*	Château-Salins.
Monteningen	*Montigny b. Metz*	Metz-Land.
Montingen	*Montoy*	Metz-Land.
Morsberg	*Marimont*	Château-Salins.
Morsheim	*Morville b. Vic*	Château-Salins.
Morsweiler a. d. Nied	*Morville a. d. Nied*	Château-Salins.
Mud	*Lemud*	Metz-Land.
Mühlen b. Metz	*Moulins b. Metz*	Metz-Land.
Münzthal	*Münsthal-St-Louis*	Saargemünd.
Mulsach	*Moussey*	Saarburg.

N

DÉNOMINATIONS ANTÉRIEURES	DÉNOMINATIONS POSTÉRIEURES	CERCLE	DÉNOMINATIONS POSTÉRIEURES	DÉNOMINATIONS ANTÉRIEURES	CERCLE
Nebing	*Nebingen*	Château-Salins.	Nebingen	*Nebing*	Château-Salins.
Neufmoulins	*Neumühlen*	Saarburg.	Neuburg i. Lothr.	*Novéant*	Metz-Land.
Neufvillage	*Neudörfel*	Château-Salins.	Neudörfel	*Neufvillage*	Château-Salins.
Norroy-le-Veneur	*Norringen*	Metz-Land.	Neuendorf bei Lörchingen	*Laneuveville bei Lörchingen*	Saarburg.
Nouilly	*Nieverlach*	Metz-Land.	Neuheim i. Lothr.	*Laneuveville-en-Saulnois*	Château-Salins.
Novéant	*Neuburg i. Lothr.*	Metz-Land.	Neumühlen	*Neufmoulins*	Saarburg.
			Nieberbö	*Beux*	Metz-Land.
			Niederlinder	*Lindre-Basse*	Château-Salins.
			Niedweiler	*Villers a. d. Nied*	Château-Salins.
			Nieverlach	*Nouilly*	Metz-Land.
			Norringen	*Norroy-le-Veneur*	Metz-Land.

O

DÉNOMINATIONS ANTÉRIEURES	DÉNOMINATIONS POSTÉRIEURES	CERCLE	DÉNOMINATIONS POSTÉRIEURES	DÉNOMINATIONS ANTÉRIEURES	CERCLE
Ogy	*Ogingen*	Metz-Land.	Oberlinder	*Lindre-Haute*	Château-Salins.
Ommeray	*Ommerich*	Château-Salins.	Obersdorf	*Thonville*	Bolchen.
Oriocourt	*Orhofen*	Château-Salins.	Ogingen	*Ogy*	Metz-Land.
Orny	*Ornach*	Metz-Land.	Ollhofen	*Holacourt*	Bolchen.
Oron	*Orn*	Château-Salins.	Ommerich	*Ommeray*	Château-Salins.
			Orhofen	*Oriocourt*	Château-Salins.
			Orn	*Oron*	Château-Salins.
			Ornach	*Orny*	Metz-Land.

P

DÉNOMINATIONS ANTÉRIEURES	DÉNOMINATIONS POSTÉRIEURES	CERCLE	DÉNOMINATIONS POSTÉRIEURES	DÉNOMINATIONS ANTÉRIEURES	CERCLE
Pagny bei Goin	*Paningen*	Metz-Land.	Paningen	*Pagny bei Goin*	Metz-Land.
Pange	*Spangen*	Metz-Land.	Papolsheim	*Plappeville*	Metz-Land.
Peltre	*Pelter*	Metz-Land.	Pelter	*Peltre*	Metz-Land.
Pettoncourt	*Pettenhofen*	Château-Salins.	Petersweiler	*Pierrevillers*	Metz-Land.
Pierrevillers	*Petersweiler*	Metz-Land.	Pettenhofen	*Pettoncourt*	Château-Salins.
Plaine	*Blen*	Molsheim.	Plenach	*Plenois*	Metz-Land.
Plappeville	*Papolsheim*	Metz-Land.	Pommeringen	*Pommerieux*	Metz-Land.
Plenois	*Plenach*	Metz-Land.	Pontingen	*Pontoy*	Metz-Land.
Pommerieux	*Pommeringen*	Metz-Land.	Porselet	*Porcelette*	Forbach.
Pontoy	*Pontingen*	Metz-Land.	Probsthofen	*Prévocourt*	Château-Salins.
Porcelette	*Porselet*	Forbach.	Püttingen	*Puttigny*	Château-Salins.
Pouilly	*Pullingen*	Metz-Land.	Püschingen	*Puzieux*	Château-Salins.
Pournoy-la-Chétive	*Kleinprunach*	Metz-Land.	Pullingen	*Pouilly*	Metz-Land.
Pournoy-la-Grasse	*Grossprunach*	Metz-Land.			
Prévocourt	*Probsthofen*	Château-Salins.			
Puttigny	*Püttingen*	Château-Salins.			
Puzieux	*Püschingen*	Château-Salins.			

Q

DÉNOMINATIONS ANTÉRIEURES	DÉNOMINATIONS POSTÉRIEURES	CERCLE	DÉNOMINATIONS POSTÉRIEURES	DÉNOMINATIONS ANTÉRIEURES	CERCLE
			Quirinsweiler	*Métairies-Saint-Quirin*	Saarburg.

R

DÉNOMINATIONS ANTÉRIEURES	DÉNOMINATIONS POSTÉRIEURES	CERCLE	DÉNOMINATIONS POSTÉRIEURES	DÉNOMINATIONS ANTÉRIEURES	CERCLE
Ranrupt	*Roggensbach*	Molsheim.	Raitenbuchen	*Rétonfey*	Metz-Land.
Rémilly	*Remelach*	Metz-Land.	Reichental	*Richeval*	Saarburg.
Rétonfey	*Raitenbuchen*	Metz-Land.	Remelach	*Rémilly*	Metz-Land.
Richeval	*Reichental*	Saarburg.	Roggensbach	*Ranrupt*	Molsheim.
Roncourt	*Ronhofen*	Metz-Land.	Ronhofen	*Roncourt*	Metz-Land.
Rozérieulles	*Roseringen*	Metz-Land.	Roseringen	*Rozérieulles*	Metz-Land.

S

Dénominations antérieures	Dénominations postérieures	Cercle
Saales	*Saal*	Molsheim.
Saarunion	*Saar-Buckenheim.*	Zabern.
Sailly	*Sallach*	Metz-Land.
Ste-Barbe	*St-Barbara*	Metz-Land.
St-Bernard	*St-Bernhard*	Bolchen.
St-Blaise (la Roche)	*Heiligblasien*	Molsheim.
St-Epvre	*St-Erffert*	Château-Salins.
St-Julien b. Metz	*St-Julian*	Saarburg.
St-Jure	*St-Jürgen*	Metz-Land.
St-Louis	*St-Ludwig bei Pfalzburg*	Saarburg.
Ste-Ruffine	*St-Ruffin*	Metz-Land.
Salonnes	*Salzdorf*	Château-Salins.
Sanry a. d. Nied	*Sanringen a. d. Nied*	Metz-Land.
Sanry b. Vigy	*Sanringen b. Wigingen*	Metz-Land.
Saulny	*Salnach*	Metz-Land.
Saulxures	*Salzern*	Molsheim.
Scy	*Sigach*	Metz-Land.
Secourt	*Unterhofen*	Metz-Land.
Semécourt	*Sigmarshofen*	Metz-Land.
Servigny b. Ste-Barbe	*Servingen*	Metz-Land.
Sillegny	*Silbingen*	Metz-Land.
Silly-en-Saulnois	*Sillingen*	Metz-Land.
Solgne	*Solgen*	Metz-Land.
Sorbey	*Sorbach*	Metz-Land.

Dénominations postérieures	Dénominations antérieures	Cercle
Saal	*Saales*	Molsheim.
Saar-Buckenheim	*Saarunion*	Zabern.
Sallach	*Sailly*	Metz-Land.
Salnach	*Saulny*	Metz-Land.
Salzdorf	*Salonnes*	Château-Salins.
Salzern	*Saulxures*	Molsheim.
St-Barbara	*Ste-Barbe*	Metz-Land.
St-Bernhard	*St-Bernard*	Bolchen.
St-Erffert	*St-Epvre*	Château-Salins.
St-German	*Châtel-St-Germain*	Metz-Land.
St-Jürgen	*St-Jure*	Metz-Land.
St-Julian	*St-Julien bei Metz*	Metz-Land.
St-Ludwig bei Pfalzburg	*St-Louis*	Saarburg.
St. Martinsbann	*Ban St-Martin*	Metz-Land.
St. Ruffin	*Ste-Ruffine*	Metz-Land.
Sanringen a. d. Nied	*Sanry a. d. Nied*	Metz-Land.
Sanringen b. Wigingen	*Sanry b. Vigy*	Metz-Land.
Sarbelingen	*Zarbeling*	Château-Salins.
Schemmerich	*Chémery*	Bolchen.
Schenris	*Xanrey*	Château-Salins.
Schersingen	*Chérisey*	Metz-Land.
Schöllen	*Chieulles*	Metz-Land.
Schönenberg im Breuschtal	*Belmont*	Molsheim.
Schöngrund	*Bellefosse*	Molsheim.
Schollhofen	*Xocourt*	Château-Salins.
Selzeck	*Coin a. d. Seille*	Metz-Land.
Servingen	*Servigny b. Ste-Barbe*	Metz-Land.
Sigach	*Scy*	Metz-Land.
Sigmarshofen	*Semécourt*	Metz-Land.
Sillingen	*Silly-en-Saulnois*	Metz-Land.
Silbingen	*Sillegny*	Metz-Land.
Solgen	*Solgne*	Metz-Land.
Sorbach	*Sorbey*	Metz-Land.
Spangen	*Pange*	Metz-Land.
Stondorf	*Villers-Stoncourt*	Metz-Land.

T

Dénominations antérieures	Dénominations postérieures	Cercle
Tarquinpol	*Tulchenphul*	Château-Salins.
Thimonville	*Thimmenheim*	Metz-Land.
Thonville	*Obersdorf*	Bolchen.
Tincry	*Dinkrich*	Château-Salins.
Tragny	*Tranach*	Metz-Land.
Trémery	*Tremerchen*	Metz-Land.

Dénominations postérieures	Dénominations antérieures	Cercle
Tulchenphul	*Tarquinpol*	Château-Salins.
Thimmenheim	*Thimonville*	Metz-Land.
Tranach	*Tragny*	Metz-Land.
Tremerchen	*Trémery*	Metz-Land.

U

Dénominations postérieures	Dénominations antérieures	Cercle
Unterhofen	*Secourt*	Metz-Land.

V

Dénominations antérieures	Dénominations postérieures	Cercle
Vahlen	*Wahlen*	Bolchen.
Vallières	*Wallern*	Metz-Land.
Vannecourt	*Warnhofen*	Château-Salins.
Vantoux	*Wanten*	Metz-Land.
Vany	*Warningen*	Metz-Land.
Vaux	*Wals*	Metz-Land.
Vaxy	*Wastingen*	Château-Salins.

Dénominations postérieures	Dénominations antérieures	Cercle
Verich	*Vry*	Metz-Land.
Vorbruck	*Vorbruck (La Broque)*	Molsheim.

DÉNOMINATIONS ANTÉRIEURES	DÉNOMINATIONS POSTÉRIEURES	CERCLE	DÉNOMINATIONS POSTÉRIEURES	DÉNOMINATIONS ANTÉRIEURES	CERCLE
Vergaville	*Wirtsdorf*	Château-Salins.			
Vernéville	*Wernheim*	Metz-Land.			
Verny.	*Werningen* . . .	Metz-Land.			
Vic.	*Wich*.	Château-Salins.			
Vigny	*Wingert*	Metz-Land.			
Vigy	*Wigingen*. . . .	Metz-Land.			
Villers a. d. Nied .	*Niedweiler*	Château-Salins.			
Villers-Stoncourt .	*Stondorf*.	Metz-Land.			
Vittoncourt. . . .	*Wittenhofen* . . .	Bolchen.			
Viviers.	*Weiher*.	Château-Salins.			
Volmhaut.	*Walnwalz*	Bolchen.			
Vorbruck (La Broque)	*Vorbruck*. . . .	Molsheim.			
Vremy	*Fremich*	Metz-Land.			
Vry.	*Verich*	Metz-Land.			
Vulmont	*Wulberg*	Metz-Land.			
W					
Woippy.	*Wappingen*. . . .	Metz-Land.	**Wahlen**	*Vahlen*	Bolchen.
Wuisse.	*Wiss*.	Château-Salins.	**Walnwalz** . . .	*Volmhaut*	Bolchen.
			Wallern	*Vallières*	Metz-Land.
			Walz.	*Vaux*.	Metz-Land.
			Wanten	*Vantoux*	Metz-Land.
			Wappingen . . .	*Woippy*.	Metz-Land.
			Warnhofen. . .	*Vannecourt*. . . .	Château-Salins.
			Warningen. . .	*Vany*.	Metz-Land.
			Wastingen. . .	*Vaxy*.	Château-Salins.
			Weiher	*Viviers*.	Château-Salins.
			Wernheim. . .	*Vernéville*. . . .	Metz-Land.
			Werningen. . .	*Verny*	Metz-Land.
			Wich.	*Vic*.	Château-Salins.
			Wigingen . . .	*Vigy*	Metz-Land.
			Wingert	*Vigny*	Metz-Land.
			Wirtsdorf . . .	*Vergaville*	Château-Salins.
			Wiss.	*Wuisse*.	Château-Salins.
			Wittenhofen . .	*Vittoncourt*. . . .	Bolchen.
			Wulberg. . . .	*Vulmont*	Metz-Land.
X					
Xanrey.	*Schenris*	Château-Salins.			
Xocourt.	*Schollhofen*. . . .	Château-Salins.			
Z					
Zarbeling.	*Sarbelingen*. . . .	Château-Salins.			

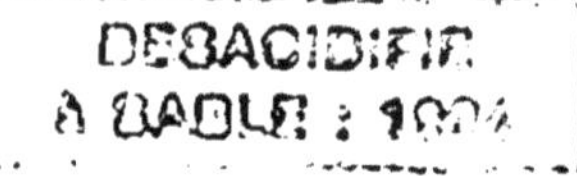

NANCY, IMPRIMERIE BERGER-LEVRAULT — MARS 1919

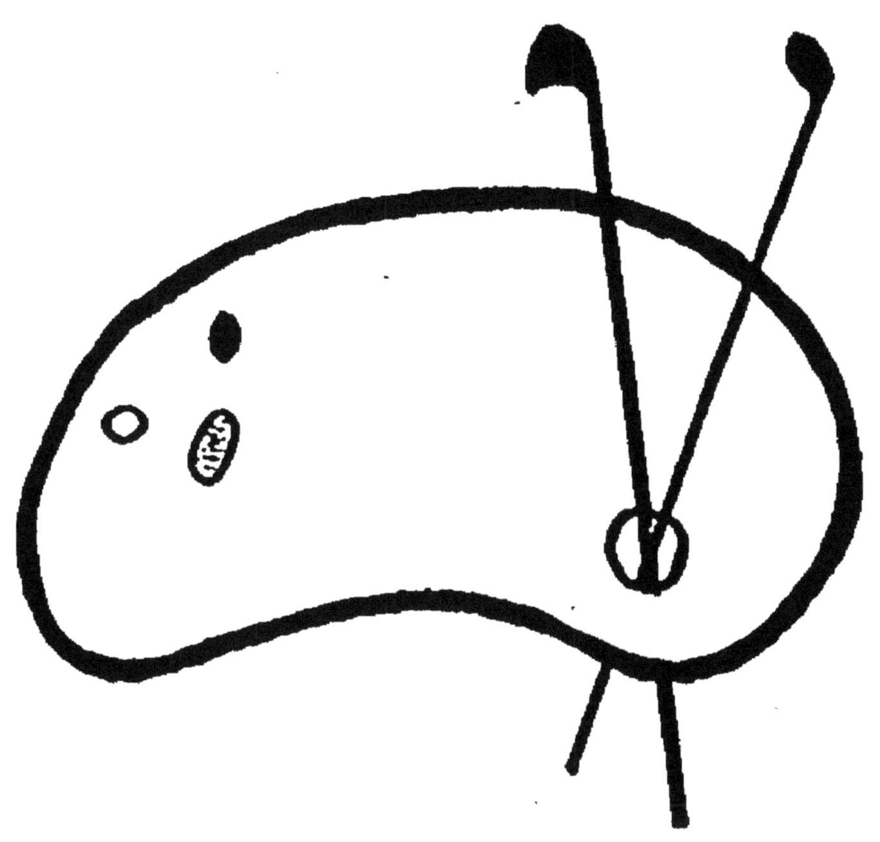

L'Alsace-Lorraine devant l'Histoire, par Joseph Reinach, ancien député. 1916. Brochure grand in-8 . . . . 75 c.

Comment et pourquoi l'Alsace s'est donnée à la France, par Chr. Pfister. 1919. Volume in-16 raisin (*Petite Bibliothèque alsacienne*). . . . . 2 fr.

Comment et pourquoi la République de Mulhouse s'est donnée à la France, par Chr. Pfister. 1919. Vol. in-16 raisin (*Petite Bibliothèque alsacienne*). 2 fr.

Le Traité de Francfort. *Étude d'histoire diplomatique et de droit international*, par Gaston May, professeur à l'Université de Paris. (Ouvrage récompensé par l'Académie des Sciences morales et politiques.) 1910. Volume in-8 de 360 pages, avec 3 cartes dans le texte, broché . . . . 6 fr.

L'Alsace-Lorraine et l'Empire allemand (1870-1911), par Robert Baldy. Préface de M. René Henry, professeur à l'École des Sciences politiques. 1912. Un volume in-8 de 236 pages, broché. . . . . 6 fr.

La Lutte pour le français en Lorraine avant 1870. *Étude sur la propagation de la langue française dans les départements de la Meurthe et de la Moselle*, par Gaston May, professeur à l'Université de Paris. 1912. Volume grand in-8, avec une carte, broché . . . . 4 fr. 50

Société industrielle de Mulhouse. — Histoire documentaire de l'Industrie de Mulhouse et de ses environs au dix-neuvième siècle. *Enquête centenale* 1902. Volume in-4 de 1107 pages, avec 261 illustrations dans le texte, 16 planches et cartes en phototypie hors texte, broché en deux tomes . . . . . . 40 fr.
Relié en demi-maroquin, tranches dorées. . . . . 50 fr.

L'Essor économique de la Lorraine. *Rapport général sur l'Exposition internationale de l'Est de la France, à Nancy, en 1909*, par Louis Laffitte, secrétaire général de la Chambre de Commerce de Nancy, directeur général de l'Exposition. 1912. Volume in-4 de 1077 pages, avec 28 planches, 7 graphiques, 3 cartes et un plan hors texte, et 375 illustrations dans le texte, couverture illustrée par V. Prouvé, broché . . . 40 fr.
Relié en demi-maroquin, tête rouge . . . . 50 fr.

La Lorraine : Moselle, par Lorédan Larchey. — **Meuse**, par André Theuriet. — **Vosges**, par L. Jouve et le Dr Liétard. — **Meurthe**, par Edgard Auguin. Introduction historique par Aug. Prost. 1886. Volume grand in-4 de 800 pages, avec 415 gravures et 1 frontispice en couleurs, broché. . . . . 50 fr.
Relié demi-maroquin, plats percale, gaufré en or, argent et couleurs. . . . . 75 fr.

Le Retour de l'Alsace-Lorraine à la France, par Henri Welschinger, de l'Institut de France. 1917. Volume in-12. . . . . 1 fr. 25

Force ou Droit (*Question d'Alsace-Lorraine*), par H. Mairinger. 1913. Volume in-12, avec 2 cartes dressées par le lieutenant Lapointe, broché . . . . 3 fr. 50

L'Administration des Départements envahis en 1870-1871, par Émile Chantriot, docteur ès lettres, agrégé de l'Université. Préface de Jean Cruppi, ancien ministre des Affaires étrangères. 1916. Volume in-12. . . . . 1 fr. 25

Le Pangermaniste en Alsace, par Jules Froelich. (1913.) 12e mille. Édition définitive. 1919. Volume in-12, avec 16 dessins par Hansi, broché. . . . . 1 fr.

L'Alsace-Lorraine pendant la Guerre. — Les Alsaciens-Lorrains contre l'Allemagne, par Florent-Matter. *En annexe, des listes officielles allemandes d'Alsaciens-Lorrains condamnés pour haute trahison et délits de germanophobie, et d'Alsaciens-Lorrains poursuivis pour désertion et déchus de leur nationalité allemande.* 1918. Volume grand in-8, broché . . . . 5 fr.

La Protestation de l'Alsace-Lorraine les 17 février et 1er mars 1871 à Bordeaux, par Henri Welschinger, de l'Institut de France. Nouvelle édition, considérablement augmentée. 1918. Volume in-12, avec 1 planche, 2 fac-similés et la carte des exigences de la Prusse . . . . 3 fr.

Images de France. Région de l'Est, par Émile Hinzelin. 1900. Volume in-12 de 433 pages, broché sous couverture illustrée par V. Prouvé . . . . 3 fr. 50

Croquis lorrains, par Louis Madelin. Préface de Maurice Barrès, de l'Académie Française. 1907. Volume in-12 de 412 pages, broché . . . . 3 fr. 50

La Champagne. *Étude de géographie régionale*, par Émile Chantriot, agrégé de l'Université, docteur ès lettres. 1906. Volume grand in-8 de 338 pages, avec 40 vues photogr. et figures dans le texte, et 31 planches, graphiques et cartes, hors texte, broché. 8 fr.

www.ingramcontent.com/pod-product-compliance
Ingram Content Group UK Ltd.
Pitfield, Milton Keynes, MK11 3LW, UK
UKHW022119190726
13855UKWH00003B/952